中等职业学校教育创新规划教材
新型职业农民职业教育规划教材

畜产品市场营销

李玉冰　吕清华　主编

中国农业大学出版社
·北京·

内 容 简 介

本教材采用模块、项目、任务编写体例，以市场营销的基本技术为指导，以畜产品为营销对象，针对畜产品营销的岗位任务要求，“任务驱动，项目导向”，培养学生畜产品营销职业能力。内容包括模块一：认知畜产品市场，项目一　把握畜产品市场的特点，项目二　掌握畜产品市场的调查分析方法；模块二：畜产品市场营销策略，项目一　选择最合适的畜产品市场，项目二　掌握常用的畜产品营销技能；模块三：畜产品实用营销技术，项目一　畜产品的网络实用营销技术，项目二　几种主要畜产品实用营销技术。本教材以学生为中心，注重实践能力培养，力求理论和实践相结合，注重针对性、可操作性。本书既可作为中等职业学校教育创新教材、新型职业农民职业教育教材，也可作为畜产品企业管理等在职人员的专业培训教材。

图书在版编目(CIP)数据

畜产品市场营销/李玉冰，吕清华主编. —北京：中国农业大学出版社，2016.7(2019.1 重印)

ISBN 978-7-5655-1600-9

Ⅰ.①畜…　Ⅱ.①李…②吕…　Ⅲ.①畜产品-市场营销　Ⅳ.①F762.5

中国版本图书馆 CIP 数据核字(2016)第 118074 号

书　　名　畜产品市场营销
作　　者　李玉冰　吕清华　主编

策划编辑　张　蕊　张　玉　　　**责任编辑**　张　玉
封面设计　郑　川　　　**责任校对**　王晓凤
出版发行　中国农业大学出版社
社　　址　北京市海淀区圆明园西路 2 号　　　**邮政编码**　100193
电　　话　发行部 010-62818525，8625　　　读者服务部 010-62732336
编辑部 010-62732617，2618　　　出　版　部 010-62733440
网　　址　http://www.cau.edu.cn/caup　　　**E-mail**　cbsszs@cau.edu.cn
经　　销　新华书店
印　　刷　北京时代华都印刷有限公司
版　　次　2016 年 7 月第 1 版　　2019 年 1 月第 2 次印刷
规　　格　787×1 092　　16 开本　　12.25 印张　　225 千字
定　　价　36.00 元

中等职业学校教育及新型职业农民职业教育教材编审委员会名单

编写人员

主　编　李玉冰　吕清华

副主编　李自海　陈永江　张　丽　蔡泽川

编写人员　（按姓氏笔画为序）

付　晶　武汉市农业学校
吕清华　武汉市农业学校
张　丽　南阳农业职业学院
李玉冰　北京农业职业学院
李自海　南阳农业职业学院
陈永江　武汉市农业学校
赵建军　河北省邯郸市馆陶县畜牧水产局
涂洪强　河南省南阳市黄牛良种繁育场
蔡泽川　北京农业职业学院

编写说明

积极开展与创新中等职业教育与新型职业农民教育，提高现代农业与社会主义新农村建设一线中等应用型职业人才及新型职业农民的综合素质、专业能力，是发展现代农业和建设社会主义新农村的重要举措。为贯彻落实中央的战略部署及全国职业教育工作会议精神，特根据《教育部关于“十二五”职业教育教材建设的若干意见》《中等职业学校新型职业农民培养方案（试行）》和《中等职业学校专业教学标准（试行）》等文件精神，紧紧围绕培养生产、服务、管理第一线需要的新型职业农民，并遵循新型职业农民教育的基本特点和规律编写了《畜产品市场营销》教材。

《畜产品市场营销》是养殖专业类核心课教材之一。本教材构思新颖，内容丰富，结构合理，定位于中等职业教育，紧扣岗位要求，以行动导向的教学模式为依据，以学习性工作任务实施为主线，以学生为主体，通过学习性工作任务中教、学、训一体化来组织教学，物化了本门课程历年来相关职业院校教育教学改革中所取得的成果，并统筹兼顾中等职业教育及新型职业农民中职教育的学习特点。

本教材根据项目驱动式教学的需要，以引导学生主动学习为目的，进行体例架构设计，以适应中等职业教育和新型职业农民教育创新和改革的需要，密切结合我国生产实际，本教材是以市场营销的基本理论为指导，以畜产品为营销对象，针对畜产品营销的岗位要求和工作需要，采用“任务驱动，项目导向”教学模式，培养学生畜产品营销职业能力。全书内容包括：模块一　认知畜产品市场，项目一　把握畜产品市场的特点，项目二　掌握畜产品市场的调查分析方法；模块二　畜产品市场营销策略，项目一　选择最合适的畜产品市场，项目二　掌握常用的畜产品营销技能；模块三　畜产品实用营销技术，项目一　畜产品的网络实用营销技术，项目二 几种主要畜产品实用营销技术。教材编写时，始终本着“以实践操作为主体，以知识链接为补充”的精神，充分体现了在“产学结合”、在“做中学”的职业教育特点，引入了畜禽繁育的新要求和新技术。同时，在各任务的实施中，也注重了培养学生具有诚实、守信、肯干、敬业、善于与人沟通和合作的职业品质以及具有分析问题和解决问题的能力。教材中积极融进专业新理念、新技术、新方法，与国家职业技能鉴定并轨，也融入国家最新的相关专业政策，呈现课程的职业性、实用性和开放性。

本教材内容深入浅出、通俗易懂，具有很强的针对性和实用性，是中等职业教育及新型职业农民教育的专用教材，也可作为现代青年农场主的培训教材，还可供畜产品生产和经营者培训的教材和参考用书。

本教材主编为北京农业职业学院李玉冰、武汉市农业学校吕清华；本教材副主编为南阳农业职业学院李自海、张丽，武汉市农业学校陈永江，北京农业职业学院蔡泽川；参加编写的人员还有武汉市农业学校付晶、河北省邯郸市馆陶县畜牧水产局赵建军、河南省南阳市黄牛良种繁育场涂洪强。辽宁农业职业学院曹军教授、北京农业职业学院赵晨霞教授、原农业部科技教育司寇建平处长、原农民教育培训中心陈肖安等同志对教材编写提供了宝贵意见和建议，并进行了终审，在此一并表示感谢。

由于编者水平有限，加之时间仓促，教材中存在着不同程度和不同形式的错误和不妥之处，衷心希望广大读者及时发现并提出，更希望广大读者对教材编写质量提出宝贵意见，以便修订和完善，进一步提高教材质量。

编　者

2015 年 12 月

目　　录

模块一　认知畜产品市场

模块二　畜产品市场营销策略

模块三 畜产品实用营销技术

模块一　认知畜产品市场

项目一　把握畜产品市场的特点

项目二　掌握畜产品市场的调查分析方法

项目一　把握畜产品市场的特点

【学习目标】

完成本项目的学习任务后，你应该能

1. 了解畜产品的定义及分类；
2. 掌握无公害畜产品、绿色农产品和有机农产品的基本含义；
3. 结合自身生产实践，认知并分析畜产品市场；
4. 合理利用当地的自然、经济条件，开拓畜产品市场。

【项目描述】

本项目主要介绍畜产品的含义，以及最受消费者欢迎的畜产品如无公害畜产品、绿色农产品(含绿色畜产品)及有机农产品(含有机畜产品)的概念与特点。结合实例，分析什么样的畜产品最受消费者欢迎，并教会学生合理利用当地的自然、经济条件，开拓畜产品市场。

【思维导图】

任务1 了解畜产品的特点

一、学习准备

(一)知识准备

1.畜产品的定义及分类

畜产品是指动物生产的肉、蛋、奶等可食性组织及其加工产品。按照每年畜牧业统计的内容,主要畜产品为肉(猪、牛、羊、禽、兔等)、蛋(鸡、鸭、鹅、鹌鹑等)、奶(牛奶、羊奶、马奶等),还有就是蜂产品(蜂蜜、蜂王浆、蜂花粉),副产品,比如毛肚、内脏等。畜产品为人们提供了丰富的营养和美味佳肴。

2.最受市场欢迎的畜产品有哪些?

(1)无公害畜产品,是指产地环境、生产过程和产品质量符合国家有关标准和规范的要求,经认证合格获得认证证书并允许使用无公害农产品标志的未经加工或者初加工的食用畜产品。可分为三大类:一是在无任何污染的自然条件下生产的畜产品;二是在自然条件下,通过添加对人体无害的生物制剂生产的畜产品;三是在生产过程中,通过添加作用小、残留最低的非人用药品和添加剂而生产的符合绿色食品要求的畜产品。

(2)绿色农产品(含绿色畜产品),是指遵循可持续发展原则、按照特定生产方式生产、经专门机构认定、许可使用绿色食品标志的无污染的农产品。

绿色食品标志作为一种特定的产品质量证明商标,其商标专用权受《中华人民共和国商标法》保护。消费者在选购此类食品时,应认清“标志”。A级标志为绿底白字,其产品在生产中允许限量使用化学合成生产资料;AA级标志为白底绿字,其产品品质标准更加严格,要求在生产过程中不使用化学合成的肥料、农药、兽药、饲料添加剂、食品添加剂和其他有害于环境和健康的物质,按照农业部发布的行业标准,AA级绿色食品等同于有机食品。该标志由中国绿色食品协会认定颁发,消费者可登录“中国绿色食品网”辨认所购产品的真伪。

(3)有机农产品(含有机畜产品),是根据有机农业原则和有机农产品生产方式及标准生产、加工出来的,并通过有机食品认证机构认证的农产品。

①有机农产品(含有机畜产品)在生产加工过程中绝对禁止使用激素等人工合成物质,并且不允许使用基因工程技术。

②有机农产品(含有机畜产品)在土地生产转型方面有严格规定。考虑到某些物质在环境中会残留相当一段时间,土地从生产其他产品转换到生产有机农产品需要 2～3 年的转换期。

③有机农产品(含有机畜产品)在数量上进行严格控制,要求定地域、定产量,生产其他产品没有如此严格的要求。

(二)资料准备

1.观看中央台的《每日农经》《聚焦三农》以及新闻栏目,积累新知识和畜产品信息。

2.查找有关无公害畜产品、绿色农产品(含绿色畜产品)和有机农产品(含有机畜产品)的文字图片资料。

3.利用网络查找收集畜产品市场的资料,如中国畜牧网(http://www.china-farming.com/)、农村网(http://www.nongcun5.com/)、中国养殖网(http://www.chinabreed.com/)等。

知识框

无公害畜产品生产过程中主要控制环节

一是饲养场地的选择。饲养场地应选择在地势干燥,排水良好,易于组织防疫的地方,场址用地应符合当地土地利用规划的要求,周围 3 千米内无大型化工厂、矿厂、皮革、肉品加工、屠宰场。

二是饲养场内部要分设管理区、生产区及粪污处理区,场区净道和污道分开,互不交叉。栏舍建设要向阳、通风,便于清洗、消毒和防疫。

三是饲料和饲料添加剂,可根据生产需求,配制不同的配合饲料,禁止在饲料中添加 β-兴奋剂、促生长类激素、砷制剂和安眠镇静类等违禁药品。奶牛的配合饲料、浓缩饲料和添加剂预混合饲料中不应使用任何药物。蛋鸡在产蛋期禁止使用任何药物,包括中草药和抗生素。

四是要严格控制使用抗生素药物,必须要用时,在兽医的指导下,严格控制用药量,并有一定时间的休药期。

五是畜禽饮用水要求色度不超过 30 度,浑浊度不超过 20 度,不得有异臭、异味和肉眼可见物。细菌学、毒理学指标符合相关要求。

六是定期做好场地的消毒工作,消毒剂应选择对人畜(禽)和环境比较安全,没有残留性,对设备没有破坏和在畜禽体内不应产生有害积累的消毒剂,如石炭酸、煤酚、过氧乙酸、生石灰、新洁尔灭等。并严格按免疫程序,做好免疫接种工作。

七是产品的内外包装材料应符合国家食品卫生标准,应贮存在通风良好的场所，不得与毒、有害、有异味、易挥发、易腐蚀的物品同处贮存。肉类运输应使用符合食品卫生要求的专用冷藏车(船)，生鲜牛奶应使用奶槽车，不得与对产品发生不良影响的物品混装。

二、任务设计与实施

【任务设计】

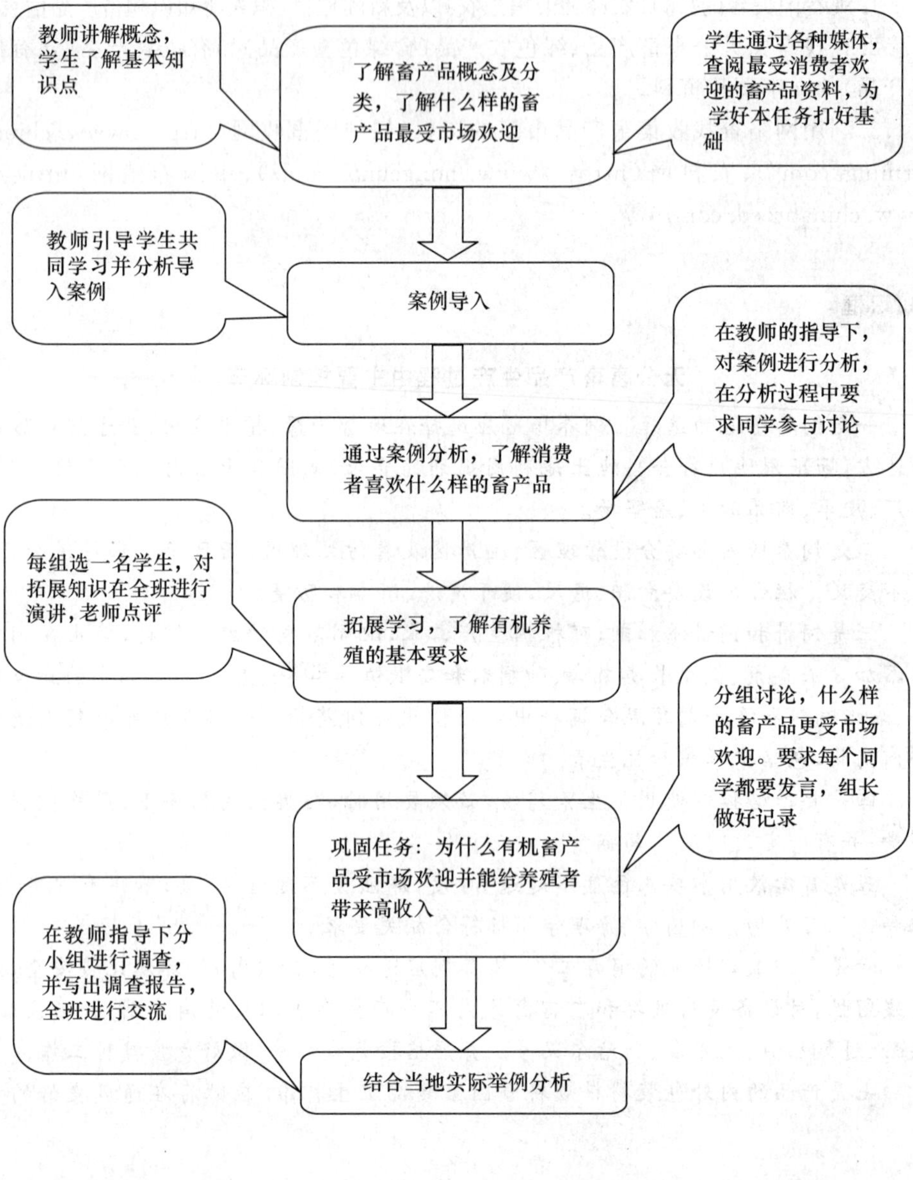

【任务实施】

(一)导入案例

案例一

养殖有机藏香猪走现代农业发展道路

(http://www.cnoa360.com/2015.11)

走进四川武胜县天瑞仁合生态农牧开发集团股份有限公司牧场,一座座偌大的小洋楼里,有机藏香猪(图1-1)依照耳朵上挂牌的编号分层而住。

据了解,近年来,四川天瑞仁合生态农牧开发集团股份有限公司引入高端农业技术,采用"龙头企业+生态种植"的发展新模式,积极推进农业发展方式和体制机制创新,通过种养循环走有机现代农业发展道路。在牧场内的一楼猪舍,工作人员们正忙着为待产的藏香猪修建产房,在采访中,记者得知,饲养藏香黑猪的圆形猪舍名叫"孔雀开屏馆",目前共有9栋,辅助养殖房则设计为长方形,共有3栋,整个牧场占地面积67公顷,猪舍内见不到污水,看不到粪便。

图1-1 有机藏香猪

"排泄物被集中到沼化池进行沼化处理,沼气可用于给附近村民生火煮饭,而过滤出的粪渣发酵后用于养蚯蚓,蚯蚓又为种植猪草地松土,资源有效利用。"王明辉说,生态养殖好处多,在为猪场营造出优美环境的同时,也为牧场带来了可观的经济收入。自2012年3月成立以来,目前已存栏藏香黑猪2 000余头,今年已出栏2 000余头,每500克价格在90元左右,分别运往重庆、成都等20余家高端超市和特产专卖店售卖。

产品畅销，深受广大消费者喜爱和好评，先后获得邓小平故里优质农产品公用商标标识，第十五届中国西部国际博览会(2014)四川农业博览会金奖、SFEC2014第九届中国(上海)绿色有机食品博览会特等奖中国著名品牌等荣誉。

采访中，该公司负责人向记者描绘发展蓝图："为进行全产业链的开发，我们将在武胜成立四川问香天下食品发展有限公司，进行高端特色有机绿色食品的开发和品牌培育。"该负责人表示，他们将对藏香黑猪进行多系列多种高端生态有机产品开发。

(二)分析有机藏香猪为什么价格高又深受消费者欢迎

1.把握市场需求，生产受消费者欢迎的畜产品

有机畜产品在发展现代畜牧业，推动优质、高效、生态、安全方面发挥着积极的作用，在增强抗风险能力、增强国际竞争能力和推进结构战略性调整方面的作用越来越突出。同时，由于近些年兽药、饲料及添加剂等投入品的不合理使用，加上不科学的屠宰和加工等原因，使消费者对畜产品安全性的质疑度越来越高，人们迫切需要市场能够提供真正安全优质的肉、蛋、奶等产品以满足生活需要。因此，从消费者的健康意识和消费需求来看，无公害畜产品、绿色食品和有机(畜)产品将成为消费者必然选择，有机藏香猪正是迎合了消费者的这一现实需求，虽然价格明显高于普通畜产品，但仍然成为高端超市、特色专卖店的畅销产品。

2.紧跟政策导向，营造有机产品生产环境

有机畜牧业生产代表未来畜牧产业的发展趋势，当前，有机食品的发展面临越来越好的制度环境，获得越来越多的政策支持，党的十七届三中全会明确提出"支持发展绿色食品和有机食品"。在政策引导下，天瑞仁合生态农牧开发集团股份有限公司完善有机产品的技术环境，饲喂有机饲料并限制使用常规兽药、抗生素、饲料添加剂等物质，猪舍采用环保立体养殖建筑"孔雀开屏馆"，关注动物福利健康，满足动物自然行为和生活条件。一系列的行为共同营造了一个良好的有机产品生产环境。

3.用高品质吸引消费者

优良的品种、良好的生产环境和严格的技术标准才能生产出高品质的畜产品。公司产品获第十五届中国西部国际博览会(2014)四川农业博览会金奖、SFEC2014第九届中国(上海)绿色有机食品博览会特等奖、中国著名品牌、邓小平故里优质农产品公用商标标识等荣誉，产品畅销重庆、成都等地，深受广大消费者喜爱和好评。如今，该公司被评为广安市农业产业化龙头企业。

4. 克服有机产品的短板，做长产业链

有机畜牧业在我国是 20 世纪 90 年代中期开始发展起来的，与国外发达国家相比具有起步晚、基础薄、不均衡等特点。有机畜牧业的生产环节多、操作难度大、技术力量薄弱、管理体系相对落后的问题。公司针对这一现象，负责人向记者描绘发展蓝图：“为进行全产业链的开发，我们将在武胜成立四川问香天下食品发展有限公司，进行高端特色有机绿色食品的开发和品牌培育。”该负责人表示，他们将对藏香黑猪进行多系列多品种高端生态有机产品开发，以延长产业链，扩大市场占有率，增强产品竞争力。

(三)任务实施的组织

(1)通过对案例的阅读、讲解、分析，让学生掌握最受市场欢迎的畜产品有哪些？

(2)通过查找资料，充分了解绿色农(畜)产品、有机农(畜)产品及无公害畜产品的区别与联系。

(3)安排分组，调查我们身边的哪些畜产品最受消费者欢迎，每组写一个调查报告。

(4)每组选一个代表，把调查报告在全班进行演示与讲解，其他成员补充，全班讨论。

(5)安排好每组学生的拓展学习，每组学员以小组讨论的形式，掌握有机养殖的基本要求，并能在全班同学面前进行演讲表述。

(6)以案例分析的方式进行知识巩固，要求以组为单位，每个同学参与。

三、学习拓展

掌握有机养殖的基本要求

有机养殖体系包括转换期、平行生产、畜禽引入、饲料及饲料添加剂、饲养条件、疾病防治、非治疗手术、繁殖、运输屠宰及环境影响等环节。下面就从这些环节入手，概略地介绍一下有机养殖的要求。

1. 转移期

饲料生产基地的转换期与有机农场的转换期要求一致，其计算是从申请之日算起，一年生作物的转换期一般不少于 24 个月，多年生作物的转换期一般不少于 36 个月。新开荒的、长期撂荒的、长期按传统农业方式耕种或有充分证据证明多年未使用禁用物质的农田，也应经过至少 12 个月的转换期。牧场、非草食动物运动场草地的转换期可以缩短到 12 个月；如果从未使用过禁用物质，则转换期可以缩短到6个月。畜禽需经过转换期后，方可作为有机产品出售。畜禽的转换期如下：①肉用牛、马属动物、驼，12个月；②肉用羊和猪，6个月；③乳用畜，6个月；④肉用家禽，10周；⑤蛋用家禽，6周；⑥其他种类的转换期应长于其养殖周期的3/4。

2. 平行生产

平行生产是有机生产过程中必须高度重视的一种生产形式，是指在同一农场（区域）内，其生产的产品形式包括有机、有机转换或常规产品任意两种或以上同时存在，即为平行生产。平行生产对有机产品生产的风险来自多方面，其中的核心风险就是产品混淆和禁用物质污染。这些污染可能来自投入物、生产工具、灌溉水，也可能来自加工时混淆、饲料混淆、养殖时混淆以及收获、贮藏、运输的混淆等。

3. 畜禽引入

当不能得到有机畜禽时，允许引入常规畜禽。引入家畜一般是刚断乳的幼畜。肉用鸡不超过3日龄，蛋用鸡不超过18周龄。允许引入常规种畜，但每年引入的数量不能超过同种成年有机畜总量的10%。所引入的常规畜禽必须经过相应的转换期。引入后应立即按照有机方式饲养；所有引入的畜禽都不能受到转基因生物及其产品的污染，包括涉及基因工程的育种材料、疫苗、兽药、饲料添加剂等。

4. 饲料及饲料添加剂

对饲料的要求是饲料原料必须来自有机农业生产体系，符合有机农业种植要求。自然生长的牧草也要来自有机管理体系或经认证机构认可。禁止使用动物及其制品饲喂反刍动物，或给畜禽饲喂同科动物及其制品。不能使用转基因生物或其产品。必须保证反刍动物每天都能得到满足其基础营养需要的粗饲料。在猪和家禽的日粮中必须配以粗饲料、青饲料或青贮饲料。

对饲料添加剂的要求是可以使用氧化镁、绿砂等天然的矿物、天然的微量元素和天然来源的维生素（来自发芽的粮食、鱼肝油、酿酒用酵母或其他天然物质）作为有机饲料添加剂，但不允许使用人工合成的上述物质。禁止使用化学合成物质或用化学溶剂提取（提纯）的物质。

5. 饲养条件

根据动物自然生长规律，要充分考虑动物生理、环境、卫生、行为及心理需求，尽量使动物在接近自然条件下生长，尽可能减少人为干扰，为动物提供适当的运动空间并适当地接触自然界的土地，以利于动物健康成长。但是，有机养殖的目的还是为了满足人类的需要，不可能使动物完全处于自然的状态。

禁止采取使畜禽无法接触土地的笼养等饲养方式和完全圈养、舍饲、拴养等限制畜禽自然行为的饲养方式。

6.疾病防治

疾病防治强调以防为主，防重于治，应以促使动物获得对疾病的最大抗性为原则。通过合理有效的管理措施，来促进畜禽的自然免疫力和预防疾病传染的能力。

有机畜禽饲养所允许使用的消毒剂有：软皂、水和蒸汽、石灰水、生石灰、次氯酸钠、氢氧化钠、氢氧化钾、过氧化氢、天然植物香精、柠檬酸、过乙酸、蚁酸、乳酸、草酸、乙酸、酒精等。对畜禽体外寄生虫，必要时可在春冬两季采取中草药药浴的方式进行预防和治疗。如用“乳矾散”局部涂擦，或用烟草水药浴。

允许使用国家法定的预防接种。但接种的疫苗不能是转基因疫苗。禁止使用抗生素或化学合成的兽药对畜禽进行预防性治疗。

当采取多种措施无法控制畜禽疾病或伤痛时，允许在兽医的指导下对患病畜禽使用常规兽药，但必须经过该药物的停药期的两倍时间（如两倍停药期不足48小时，则必须达到48小时）之后，这些畜禽及其产品才能作为有机产品出售。

对于接受过常规兽药治疗的畜禽，大型动物应逐个标记，家禽或小动物则可按群批标记。

7.非治疗手术

可采用非治疗性手术措施主要包括：物理阉割、断角、仔猪的乳牙钝化处理、羔羊断尾、剪羽、扣环。以上手术在必要时为了减少动物痛苦，可以使用麻醉剂。禁止其他的非治疗性手术，如断喙、断趾、烙翅及其他没有明确允许采取的非治疗性手术。

8.繁殖

主要进行自然繁殖。但允许采用人工授精等不会对畜禽遗传多样性产生严重影响的各种繁殖方法。禁止使用胚胎移植、克隆等对畜禽的遗传多样性会产生严重影响的人工或辅助性繁殖技术。除非为了治疗目的，禁止使用激素促进畜禽排卵和分娩。母畜在妊娠期的后1/3时段内接受禁用物质处理后，其后代不能被认证为有机畜。

9.运输屠宰

在装卸、运输、待宰和屠宰期间，应给畜禽提供适当的条件，避免畜禽通过视觉、听觉和嗅觉接触到正在屠宰或已死亡的动物。保持现存动物的群体联系，避免混合不同群体或性别的动物。运输途中确保运输方式及运输工具适合所运输的动物，应避免动物饥渴。装载和卸载时对畜禽的应激尽量最小。给动物提供缓解应激的充分休息时间。

10.环境影响

有机饲养要求周边环境条件良好、无污染，牧场有足够的牧草供放牧动物采食。同时，有机养殖也不能对生态环境造成破坏，应遵守国家对养殖业的相关规定，根据饲料基地的承载量确定养殖量，并留有充分的余地。在养殖品种方面也应考虑尽量选择对生态影响小的品种，如山羊对草地的破坏就要远大于绵羊。

四、任务巩固

通过下面案例的分析，巩固这样的观念：有机畜产品更受消费者欢迎并能给生产经营者带来更多收入。

案例二

安徽岳西县：村民傍上有机黑猪致富增收

（中国有机农业网 2015.10.18）

"你们城里人名牌包、名牌表很贵，我们这里最大的名牌就是有机黑猪，价格也不低哦。"公山村村民汪松柏笑着告诉记者。

安徽省岳西县来榜镇公山村，地处大别山腹地，是著名的革命老区。从县城到村里，一路都是九曲十八弯的盘山路。汪松柏家的黑猪就养在深山里，喝的是山泉水，吃的是天然有机饲料，山间的开阔地带是它们天然的运动场。

"我和老婆相当于是猪的'保姆'，只负责照顾它们的吃和住，猪仔、饲料、防疫等工作，都由名山公司统一配货和管理。等猪出栏，公司验收合格，再按协议价格回收。"汪松柏说，去年依靠养殖黑猪，挣了20多万元，买了小汽车。以前汪松柏的职业是漆匠，工作累不说，收入还不高，要供养两个孩子上学，压力很大。

名山有机农业科技开发有限公司是汪松柏的"后台"。公司位于来榜镇三河村的养殖基地，四周都是山，黑猪满地跑，旁边就是一条小河。基地负责人朱观臣说，养猪是个技术活，特别是有机黑猪，各方面条件要求非常严格，"吃、住、行、医，要求都很高，饲养周期在10个月左右，比一般的养猪场饲养周期要长不少，所以价格也不便宜。"

名山公司副总经理储诚才告诉记者，有机黑猪各个部位价格不一样，最贵的肋排肉，市场价是1千克258元，其他的诸如大排、带皮后腿等，价格都在每千克150元左右，"一头毛重100千克左右的黑猪，肋排肉也只有两三千克，物以稀为贵。"

目前，来榜镇的公山、关河、斑竹等村都有农户养殖黑猪，并通过黑猪，脱掉了贫困户的帽子。汪松柏说，养殖业投资大、风险大，与公司合作，有效提高了抵御风险的能力，让很多人敢于投资。

运用"公司＋农户"的模式，来榜镇去年共有3 000多头有机黑猪出栏，这些深山里走出来的“名牌猪肉”已经远销到上海、南京、合肥等地的大型超市，成为当地农民致富增收的有效手段之一。

任务2 了解畜产品市场的特点

一、学习准备

(一)知识准备

1. 畜产品市场的含义

畜产品市场是指畜产品商品交换过程中反映出来的各种经济活动和经济关系的总和。畜产品市场不仅指以畜产品为主体的商品交换的具体场所，而且涵盖畜产品交换关系的总和。

2. 畜产品市场的特点

畜产品市场作为整个国民经济的组成部分，它除了具有普通的市场特点之外，还具备以下特点：

(1)关系国计民生的重要性。畜牧业是我国农村经济中的一个重要支柱产业，能有效地带动种植业、农产品加工业等相关产业的发展，促进农业向深度、广度进军，加快农业结构战略性调整的步伐。畜牧业的大力发展为更多地吸纳农业富余劳动力、增加农民就业机会、促进农民增收、合理配置农业资源开辟了重要途径。

(2)较强的永续需求性。畜产品消费在我国居民生活消费中占有重要地位。一个国家和地区的居民每日摄入的热量、蛋白质和脂肪来自畜产品比重的大小，是衡量该地区居民消费水平的重要标志。随着我国经济的快速发展，人们的生活水平有了一个较大提升。虽然我国目前的畜产品市场已处于暂时性的相对饱和状态，但随着经济的进一步发展，人民生活水平的提高以及购买力的增长，我国畜产品消费市场仍然蕴藏着巨大的潜力。

(3)较高的风险性。畜牧业不同于其他的行业，不仅要面临市场风险，还要面临疫病风险。市场风险指的是由市场带来的比如价格不好、销路不畅或是养殖户资金短缺等原因造成的经营风险。由于现代物流的发展和经营管理技术的进步，畜禽产品的流通范围逐步扩大，养殖户之间的竞争进一步加剧，市场风险也进一步增加。疫病风险主要是由自然因素造成的，流行性疫病是畜牧业的重大威胁与风险。

(4)较高的专业性和技术性。首先，从国际畜牧业发展的形势看，随着全球经济一体化步伐的加快，畜牧业发展将面临更加开放的市场环境和更加激烈的市场竞争。一方面，国外资本和产品大量进入我国畜牧市场。发达国家借助技术、资本方面的优势，不断在畜禽种质资源、畜产品销售等领域抢占发展制高点和市场。另一方面，我国畜禽产品出口难度越来越大。欧美、日、韩等国际市场对畜产品要求标准和监控程序越来越复杂。同时，东南亚各国生猪业发展很快，不断与我国争夺畜产品出口市场份额，加之国内劳动力成本上涨等因素，我国畜牧业原有的人力资源、养殖成本等优势正在逐渐弱化。

其次，畜牧业生态关系着整个生态系统的平衡与安全。当前，影响畜牧业稳定、和谐、持续发展的突出问题，诸如饲养动物的疫病问题、农药与抗生素残留问题、动物福利问题、动物食品质量安全问题、饲养动物的环境适应性与抗病力问题、生物多样性问题、草原超载过牧与退化沙化问题、土壤退化与水源污染问题等，这一系列的生态问题，只有通过专业化、技术化途径才能解决。

3. 畜产品市场的类别

(1)畜产品零售市场。畜产品零售市场位于流通的最末环节，其职能是将畜产品以零售的方式销售给广大消费者，最终实现畜产品的使用价值。其规模、频率、服务和所耗费的时间，对整个畜产品流通过程的速度和效率，生产与消费的联系，以及生产向消费领域的延伸，都有着特殊重要的影响。

(2)畜产品集贸市场。畜产品集贸市场是畜产品集市贸易市场的简称，是由市场经营管理者经营管理、场内经营者集中进行畜产品现货交易的场所。

畜产品集贸市场为个体零售商贩和消费者提供了交易的平台。在集贸市场上，畜产品的销售者以个体零售商贩为主。个体零售商贩主要是个体经营者和郊区农民。他们经营的畜产品主要有两个货源：一是批发市场；二是自产自销。一般而言，小城镇和乡村集贸市场上农民自产自销的比例大，大中城市集贸市场的畜产品大多从批发市场进货。集贸市场的主要功能：一是方便居民购买；二是为农民提供近距离的小批量畜产品销售场所；三是沟通畜产品供求和价格信息。

集贸市场由于方便消费者购买，且产品价格往往相对低廉，因此深受广大消费者欢迎，目前仍是城乡畜产品零售市场的主要形式。但集贸市场的购物环境相对较差，产品质量也不一定能得到保证。随着人们生活水平的提高，集贸市场已不能满足部分城市居民的需要，畜产品超市逐渐得到了较快发展。

(3)畜产品批发市场。畜产品批发市场是指由市场经营管理者、场内经营者集中进行畜产品交易的场所。畜产品批发市场将来自各个产地的畜产品集中起来，通过销售商分散销往全国各地。畜产品批发市场往往建于交通方便的地方，交易场所比较大，并有相应的仓储、运输、质检、工商、税务、结算等配套服务设施。进场交易的主体是畜产品的经营者，而不是普通农民和消费者。

(4)畜产品期货市场。期货交易是与现货交易相对应的一种交易方式，是商品交换的一种特殊方式，其最早始于农产品期货合约（可以认为大体上相当于我们现在所说的订单农业的形式），这是由农业的重要性及特殊性所决定的。期货交易是按照一定的条件和程序，由买卖双方在交易所内预先签订买卖合同，而货款的交付与货物的交割则要在约定远期进行的一种贸易形式，属于信用交易范畴。由于期货合约的买进和卖出是在期货交易所的交易场内进行的，所以，人们也把期货交易所称做期货市场。

知识框

市场的概念及含义

市场是商品经济运行的载体或现实表现。商品经济越发达，市场的范围和容量就越大。

市场具有相互联系的四层含义。

1. 市场是以商品交换为内容的经济联系形式，是社会生产和社会分工的产物。哪里有社会分工和商品生产，哪里就有市场，社会分工发展到什么程度，市场就发展到什么程度。

2. 市场是指买者和卖者进行商品交换的场所。这是一个地理、空间和时间上的概念，也是市场的原始概念。不同的产品经营企业有不同的销售市场。

3. 市场是指商品交换的总和。市场不仅仅是交换商品的场所，而且反映了不同的商品生产者、中间商和消费者之间的商品买卖关系的总和，市场的实质是商品交换中反映出来的人与人之间的经济关系。

4. 市场是指对某种或某类产品现实和潜在需求的总和。这是从营销学角度来理解的市场概念，市场专指买方和需求，而不包括卖方和供给，卖方构成行业，买方组成市场。畜产品市场营销也是从这个角度来研究市场。例如“畜类产品的市场很大”，并不是指畜类产品的交易场所很大，而是指人们对畜类产品的需求很大。

从以上含义可知，市场是一个动态的、组合的概念。可以说，市场营销学范畴里的“市场”基本等同于“需求”。因此，它包括人口、购买力和购买愿望三个要素。作为现实有效的市场，这三个要素缺一不可。

综上所述，有某种需要的人、购买能力、购买欲望是构成市场的三个要素。这三个要素是相互制约、缺一不可的，只有将这三者结合起来才能构成现实的市场，才能决定市场的规模和容量。

(二)资料准备

1.利用网络、图书馆或资料室以及报纸杂志,查找有关畜产品市场的信息资料;

2.查找本地畜产品市场的相关案例资料,分析畜产品市场的功能和作用,并写出分析报告。

二、任务设计与实施

【任务设计】

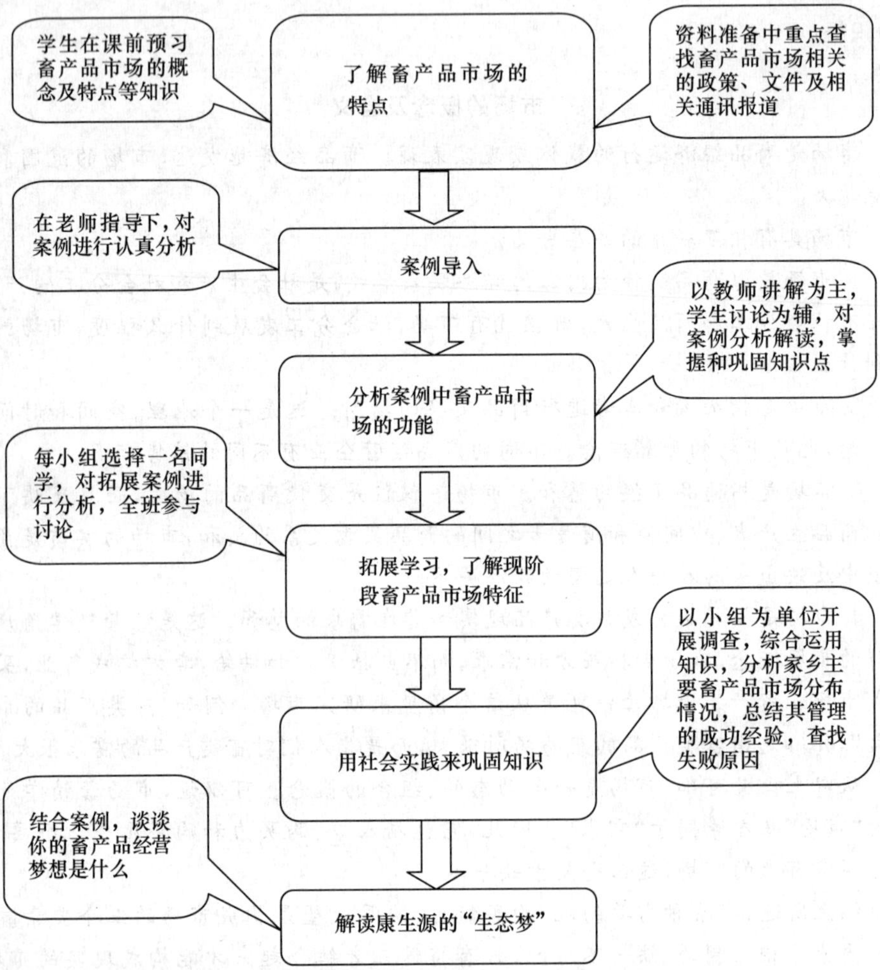

【任务实施】

(一)导入案例

案例一

农大学生深山养“生态猪” 开微博卖“放心肉”

(福州晚报 2014.03.06)

“养了13个月的黑土猪,暂定农历腊月廿七早上杀了,给大家过年用!”春节前夕,网友“@猪倌柯旭辉”发了一条“卖猪微博”,还配上了黑土猪的“生活照”,短短几天,浏览量已达2.4万次,可把他忙活坏了。如今,小辉通过微博培养了一批老客户,4/5的猪肉都是在微博上卖掉的。

为养“生态猪”毕业前恶补养猪知识

“猪倌”柯旭辉是福建农林大学2012届毕业生,读书期间,各类食品卫生安全问题让学农的他很痛心,萌生了养“生态猪”、卖“放心肉”的念头。

2012年6月,一毕业,他就回到了安溪老家,成为了一名大学生“猪倌”,他在深山里盖起了近百平方米的猪舍,种了1 200米^{2}杂交狼尾草,采用生态的方式养猪。

“香猪不同于普通猪,体型短小,但是肉味鲜,一般只能长到五六十斤。”小辉告诉记者,刚开始,学森林资源保护的他也是养猪的门外汉,毕业前,他专门跑去咨询学院的专家教授,在老师的建议下,他有了用牧草放养香猪的计划。

为卖“放心肉”他注册微博开拓市场

猪养大了,卖肉也是道难题。由于肉质好,小辉的猪肉比市场上的普通猪肉贵三四成,每千克能卖到80元,但如何营销、如何配送,需要他一点点摸索。一开始,小辉的四个客户都在泉州市区,为了保证把新鲜肉送到客户家里,他自己开车送货,第一次配送因为不熟悉路,早上7点出门,下午5点多才到家。

泉州的配送成熟了,小辉又谋划着开拓更大市场。2012年6月,他注册了一个名为“@猪倌柯旭辉”的微博,最初只是与好友分享自己的养猪故事。去年9月,小辉有了微博营销的计划,发布了第一条“卖肉”微博,配了黑土猪的“生活照”与价目表。第一次微博卖肉,小辉就尝到了甜头,很快就有网友跟他联系,在宰杀之前,总共有4个博友向他下单,购买了1 340元猪肉。

他的“猪倌梦”就是把“放心肉”送进千家万户

如今,“互联网思维”已经彻底改变了小辉的事业。通过微博,他培养了一批老客户，有泉州的、厦门的、晋江的，甚至有远在深圳的客户向他询价。小辉说，现在，一只猪身上4/5的肉都是在微博上卖掉的。销量大了，猪舍的土猪数目也由刚开始二十几只增加到100多只。

小辉说，自己有一个"猪倌梦"——希望有一天，自己能拥有一个很大很大的养殖场，再通过宅配的方式把放心土猪肉送进千家万户。

(二)案例分析

从以上案例中分析大学生柯旭辉是如何根据畜产品市场特点来进行创业的。

(1)生产品质优良的畜产品。市场的竞争首先是畜产品品质的竞争，经过多年的发展，我国畜牧业市场的绝大部分产品都处于买方市场，消费者选择产品的第一要素是看品质。绿色健康理念的产品由于品质高，生产技术先进，生产过程严格规范，更容易被消费者所接受。柯旭辉在读大学时就开始调查分析畜产品市场，各类食品卫生安全问题让学农的他很痛心，萌生了养"生态猪"、卖"放心肉"的念头。毕业后，他立即付诸实践，他在深山里盖起了猪舍，并自己种上牧草，采用纯生态的方式养猪。在品种选择上，他选择了品质好、口感佳的"香猪"品种。柯旭辉在初入畜牧产业时就秉承了生态健康的理念，选择了优良品种，这为他的成功打下良好的基础。

(2)选择最合适的市场。现阶段，畜产品市场的形式是多样的，既有传统的集贸市场，又有现代的网络市场。初入行时，如何营销、如何配送，他一点点摸索。首先他在传统市场上站稳了脚跟，能以高出普通猪肉30%以上的价格把产品推销出去。随着产量的增加，配送成本也大幅增长，他紧跟潮流，通过注册"@猪倌柯旭辉"的微博，分享自己的养猪故事，来吸引更多人的关注，从而达到推销产品的目的，现在他的产品80%都是在微博上卖掉的。随着规模的不断扩大，他计划利用互联网平台与现代物流体系，通过宅配的方式把放心土猪肉送进千家万户。

(3)提供优良的服务。良好的服务是市场一个重要组成部分，不重视服务质量的生产经营者必将被市场所淘汰。现代的市场不只是产品的竞争，同时也是服务与理念的比拼。为了保证把新鲜肉送到客户家里，柯旭辉起早贪黑开车送货。为提供良好产品，他多次找专家教授咨询请教。最终，贴心暖人的服务为他带来了源源不断的客户群。

(三)任务实施的组织

1.通过对案例的阅读、讲解、分析，让学生掌握畜产品市场的基本功能。

2.通过对上述案例中不同市场的比较分析，充分了解畜产品市场的类别和特点。

3.安排分组调查，当地的主要畜产品市场有哪些、如何运作和管理的，每组写一个调查报告。

4. 每组选一个代表，把调查报告在全班进行演示与讲解，其他成员补充，全班讨论。

5. 安排好每组学生知识点拓展学习，每组学员准备两名同学现场进行课堂分析，全班讨论。

6. 以市场调查的方式进行知识巩固，要求以组为单位，每个同学参与。

三、学习拓展

利用以上学习的知识，分析下面案例中张学春是如何开拓市场把鸭蛋变成了“金蛋蛋”的？

案例二

梁山县张学春：鸭蛋深加工变成“金蛋蛋”

（山东三农网 2012.09.13）

在水泊梁山县大地，一提起张学春，人人都称他把鸭蛋变成了“金蛋蛋”。张学春是山东省梁山县馆驿镇红庙村流畅河松花蛋厂厂长，一位普普通通的农民，10多年来靠鸭蛋深加工，走上了致富的路子。红庙村地处东平湖区，临湖靠河，饲草饲料资源丰富，饲养麻鸭有着得天独厚的便利条件。高中毕业后的张学春，看到本村和周边村队都有饲养麻鸭的经验和技术，但鸭蛋销路不畅。具有经济眼光的张学春把农家传统腌制工艺充分挖掘出来，在信用联社的资金扶持下，借助实施的“双通”工程，沿公路两旁建起了流畅河松花蛋厂，聘请了省城技术人员来厂手把手传授技术，民间传统工艺与大规模的腌制办法相结合，生产加工的蟹黄咸鸭蛋、无铅松花蛋和香卤蛋畅销梁山县周边县市，成为城乡居民餐桌上的美味佳肴。由于张学春讲诚信，会经营，产品质量好，许多经销商和大型超市前来选购，张学春严把原料购进和产品出厂这两个质量关口，还加入了产品质量体系认证，“流畅河松花蛋厂”这个品牌，稳步占领梁山县及周边县市区的消费市场。随着经济的快速发展，人们逢年过节礼尚往来很注重拿土特产，张学春经过走访市场，申请了商标，拳头品牌“流畅河咸鸭蛋”一炮打响，由于包装精美 ，质量可靠，成为人们节日走访的品牌礼品。

四、任务巩固

1. 分析以下案例，掌握畜产品市场需求的最新动态。

2. 以小组为单位，组织一次社会调查，对当地畜产品生产中的“生态”状况进行一次抽样调查，每组写出一份调查分析报告。

案例三

康生源的“生态梦”

2006年，武汉康生源生态农业有限公司通过出让方式取得武汉市东西湖区15公顷国有农业用地50年使用权。公司创始人金敏，看到社会上各种食品安全事故层出不穷，深有感触，从创业之初就有了一个“生态梦”。为此，她确定了公司生产的“生态健康”理念，带领员工坚定不移地走绿色饲养、生态种植道路。畜禽、水产养殖与葡萄、蔬菜等种植相结合，畜禽粪便、农业废弃物沼化处理，实现生态循环综合利用。

公司目前总资产达1 600余万元，有散养土鸡万余只，散养存栏黑土猪50余头，散养鹅鸭2 000余只，鱼塘水面4公顷，生态葡萄园2公顷，其他果园以及生态蔬菜园各1.5公顷。因产品生态环保，深受市场欢迎，各类产品被高端客户定制，公司年产值500余万元，实现了经济效益和社会效益双丰收。

为实现农业精品化、绿色化和休闲化目标，公司制定了以下几个方面的长远发展目标：一是在畜禽水产饲养上，选择原种和稀缺品种。在饲养方式上，继续坚持绿色生态饲养，科学配方，提升肉类品质。二是在沼液综合利用上创新发展。探索沼液、生物肥料、沼液与生物农药综合运用技术，把农场建成全范围、全过程、全时空绿色生态家园。三是美化环境，将生态农业生产与乡村游结合起来，让市民与生态农业生产零距离接触，体验式休闲，提高产品传播力和企业知名度。四是建立可追溯体系，让消费者跟踪生态农产品生产全流程，确保客户用上放心食品。

五、评价与反馈

教师、学生对本项目的学习过程进行总结，并认真填写本教材最后面的附录一 评价与反馈。

项目二　掌握畜产品市场的调查分析方法

【学习目标】

完成本项目的学习任务后，你应该能

1. 了解市场调查的概念及作用；
2. 掌握市场调查的方法；
3. 结合自身实际，学会拟定调查问卷并通过调查获得信息情报资料；
4. 通过市场调查找出畜产品生产经营中存在的问题。

【项目描述】

本项目主要介绍市场调查的方法，调查问卷的设计运用，结合案例，分析市场调查的方法是如何运用的，阐明市场调查是营销的起点，是预测和决策的基础。并结合案例说明如何针对问题设计调查问卷。

【思维导图】

任务3 灵活运用各种调查分析方法

一、学习准备

(一)知识准备

1. 市场调查的含义

市场调查是指运用科学的方法,有目的、有系统地搜集、记录、整理有关市场营销信息和资料,分析市场情况,了解市场的现状及其发展趋势,为市场预测和营销决策提供客观、正确的资料的过程。

2. 市场调查的方法

畜产品市场调查的方法有间接调查法(现成资料的收集)和直接调查法(原始资料的收集)。图 1-2 为市场调查方法的分类。

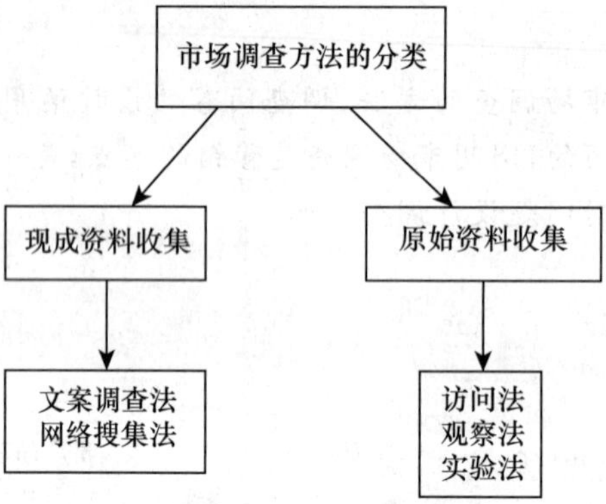

图 1-2 市场调查方法的分类

(1)访问调查法。就是调查人员采用访谈询问的方式向被调查者了解市场情况的一种方法,它是市场调查中最常用的、最基本的调查方法。按访问方式分类:直接访问和间接访问;按访问内容分类:标准化访问和非标准化访问;按访问内容传递方式分类:面谈调查、电话调查、邮寄调查、留置调查和日记调查等(表 1-1)。

表 1-1　五种访问法优缺点的比较

	面谈法	电话法	邮寄法	留置法	日记法
调查范围	较窄	较窄	广	较广	较广
调查对象	可控可选	可控可选	一般	可控可选	可控可选
影响回答的因素	能了解控制和判断	无法了解控制判断	难了解控制和判断	能了解控制和判断	能了解控制和判断
回收率	高	较高	较低	较高	较高
回答速度	可快可慢	最快	慢	较慢	慢
回答质量	较高	高	较低	较高	较高
平均费用	最高	低	较低	一般	一般

(2)观察调查法。观察调查法是调查员凭借自己的感官和各种记录工具，深入调查现场，在被调查者未察觉的情况下，直接观察和记录被调查者行为，以收集市场信息的一种方法。观察调查法简称观察法。观察法有直接观察和测量观察两种基本类型。

直接观察就是观察人员直接到集贸市场、超市、商店等处进行实地观察。一般是只看不问，不使被调查者感觉到在接受调查。这样的调查比较自然，容易得到真实情况；这种方法可观察顾客选购商品时的表现，有助于研究购买者行为；还可以掌握当时当地畜产品的供求关系。

测量观察就是运用电子仪器或机械工具进行记录和测量。例如某广告公司想了解某畜产品电视广告的效果，选择了一些家庭作调查样本，把一种特殊设计的“测录器”装在这些家庭的电视机上，自动记录所收看的节目。经过一定时间，就了解到哪些节目收看的人最多，在以后的工作中根据调查结果合理安排电视广告的播出时间，收到很好的效果。

(3)实验调查法。实验调查法是指市场调研者有目的、有意识地改变一个或几个影响因素，来观察市场现象在这些因素影响下的变动情况，以认识市场现象的本质特征和发展规律。实验调查既是一种实践过程，又是一种认识过程，并将实践与认识统一为调查研究过程。企业的经营活动中经常运用这种方法，如开展一些小规模的包装实验、价格实验、广告实验、新产品销售实验等，来测验这些措施在市场上的反映，以实现对市场总体的推断。

根据是否设置对照组或对照组的多少，可以设计出多种实验方案。基本的、常用的实验方案有：

①单一实验组前后对比实验。选择若干实验对象作为实验组，将实验对象在

实验活动前后的情况进行对比，得出实验结论。在市场调查中，经常采用这种简便的实验调查。例如，某食品厂为了提高糖果的销售量，认为应改变原有的陈旧包装，并为此设计了新的包装图案。为了检验新包装的效果，以决定是否在未来推广新包装，厂家取 A、B、C、D、E 五种糖果作为实验对象，对这五种糖果在改变包装的前一个月和后一个月的销售量进行了检测，得到的实验结果见表 1-2。

表 1-2 单一实验组前后对比表 千克

糖果品种	实验前售量 Y	实验后销量 Yn	实验结果 $Yn-Y$
A	300	340	40
B	280	300	20
C	380	410	30
D	440	490	50
E	340	380	40
合计	1 740	1 920	180

通过对比可以看出：改变包装比不改变包装销售量大，说明顾客不仅注意糖果的质量，也对其包装有所要求。因此断定，改变糖果包装，以促进其销售量增加的研究假设是合理的，厂家可以推广新包装。但应注意，市场现象可能受许多因素的影响，180 千克的销售增加量，不一定只是改变包装引起的。

单一实验组前后对比实验，只有在实验者能有效排除非实验变量的影响，或者是非实验变量的影响可忽略不计的情况下，实验结果才能充分成立。

②实验组与对照组对比实验。选择若干实验对象为实验组，同时选择若干与实验对象相同或相似的调查对象为对照组，并使实验组与对照组处于相同的实验环境之中。例如，某食品厂为了解面包的配方改变后消费者有什么反应，选择了 A、B、C 三个商店为实验组，再选择与之条件相似的 D、E、F 三个商店为对照组进行观察。观察一周后，将两组对调再观察一周，其检测结果见表 1-3。

从表中可知，两周内原配方面包共销售了 120＋130＝250(百袋)，新配方面包共销售了 150＋140＝290(百袋)。这说明改变配方后增加了 40 百袋的销售量，对企业很有利。

实验组与对照组对比实验，必须注意二者具有可比性，即二者的规模、类型、地理位置、管理水平、营销渠道等各种条件应大致相同。只有这样，实验结果才具有较高的准确性。但是，这种方法对实验组和对照组都是采取实验后检测，无法反映实验前后非实验变量对实验对象的影响。为弥补这一点，可将上述两种实验进行综合设计。

表 1-3 实验组与对照组对比表

	原配方销售量(百袋)		新配方销售量(百袋)	
	第一周	第二周	第一周	第二周
A		37	43	
B		44	51	
C		49	56	
D	35			41
E	40			47
F	45			52
合计	120	130	150	140

③实验组与对照组前后对比实验。这是对实验组和对照组都进行实验前后对比,再将实验组与对照组进行对比的一种双重对比的实验法。它吸收了前两种方法的优点,也弥补了前两种方法的不足。

(二)资料准备

1. 观看中央台的《每日农经》《聚焦三农》以及新闻栏目,积累新知识和有关畜产品市场调查方面的信息。

2. 查找有关企业市场调查运用的成功案例及企业不进行市场调查的失败案例,并进行对比分析。

3. 可以利用网络查找收集有关畜产品的动态信息资料,如中国畜牧业网。

知识框

市场调查员的素质及培养

一名干练的调查员应具备以下素质:

1. 富有创造力和想象力;

2. 使被访者对问题产生浓厚兴趣,并使被问者有自由发言的交谈技术;

3. 对问题的症结十分清楚,并能使被访者说出想要说的话;

4. 具有发现和挖掘被调查者的习惯及隐藏的动机与能力;

5. 有调查时必备的经验和技巧。

因此,选派出的调查员必须性格开朗、头脑灵活、为人忠诚可靠、肯吃苦耐劳,同时必须接受公司的培训。包括产品知识的培训:介绍调查背景、掌握产品知识、对疑难问题给予详解，并予以专门指导；进行模拟训练：模拟调查是主要内容之一。通过亲自调查，使受训者真切体会到调查工作的酸甜苦辣，为以后的工作做好心理上的准备，积累解决问题的经验和能力，从而在实践中提高市场调查员的自身素质。

二、任务设计与实施

【任务设计】

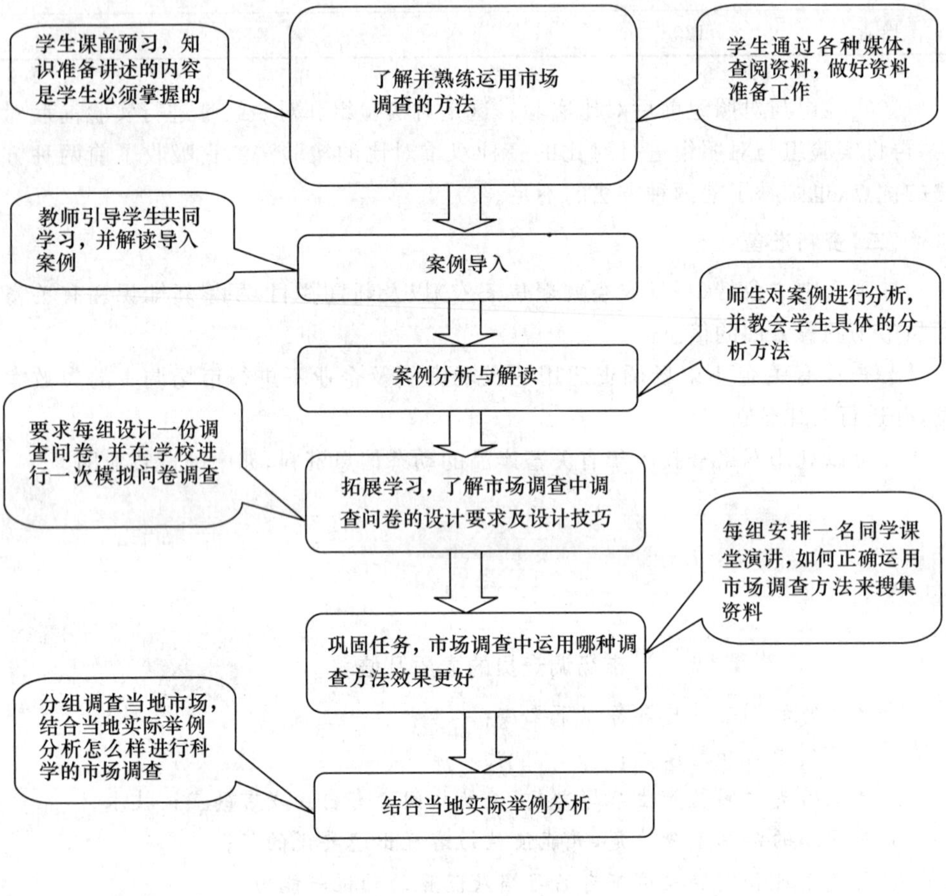

【任务实施】

(一)导入案例

案例一

对低温熟肉产品的市场调查分析

(http://www.21food.cn 2014.10)

近年来低温熟肉产品以其营养、方便、口味好的产品特点受到越来越多消费者的喜爱,特别是在大中城市,快生活节奏使得更多的白领、上班族选择低温熟肉产品替代鲜肉产品。泸州市田园乐生猪专业合作社是一家从事生猪养殖和肉制品加工的科技型产、供、销一体化企业,合作社以生产安全、高端的有机食品为己任。经过近三年的建设和发展,合作社投资 3 000 多万元,已建成了年生产"四川黑猪"、"巴马香猪"5 000 头以上的标准化养殖基地 4 个,1 000 吨冻库 1 个,腌腊制品加工厂 1 个,冷鲜肉配送车三台和若干间冷鲜销售门店。

合作社与四川省畜牧科学院、西南大学、第三军医大学动物研究室等权威科研院所合作,共同研发出有独立知识产权的田园乐·金香猪系列产品,已成功推出金香烤乳猪等高质量低温熟肉产品。该产品在饲养加工过程中,以原生态和最新食品安全理念为原则,积极推进有机产品生产标准,与普通产品相比,食用安全(未添加抗生素和超量重金属元素),胆固醇较低,不饱和脂肪酸、鲜味氨基酸分别高于一般猪 6%和 1.5%,特别是肌纤维中香味脂肪颗粒高出 28%,体现出了安全性高、肉质细嫩多汁、鲜香爽口、香味浓郁、回味悠长的突出特点,是烹制美味佳肴的上乘原料和馈赠佳品。

产品在本地市场有了一定的知名度后,合作社决定开发低温熟肉系列产品,以开拓更大的市场。为提高投资效益,降低风险,合作社准备对低温熟肉产品的市场进行一次全面深入的调查分析。

(二)案例分析

结合田园乐生猪专业合作社产品特点与发展方向,确定调查分析方法。

1. 了解竞争对手的情况

通过对电视、杂志、互联网等媒体的第二手资料的收集与分析整理,我们发现当前低温熟肉制品企业和品牌众多,但除了江苏雨润、河南双汇、山东金锣等属于全国性品牌外,韩国希杰、北京得利斯这样的区域性品牌或地方性品牌占绝大多数;在物流方面低温熟肉产品需要冷链运输,产品保质期又短,消费需求大。这些因素决定了田园乐这样地方性的中小低温熟肉企业有着非常大的市场拓展空间。

市场调查表明，当前大部分知名品牌的营销水平并不高，电视广告主要是企业品牌形象宣传，多数产品销售终端既没有促销人员，也没有宣传品发放；很多区域或地方品牌更是基本靠产品本身与消费者沟通。同类企业营销水平普遍不高影响了整个产品品类的增长速度，同时也为田园乐·金香猪品牌留下了快速做大品牌和市场规模的机会。

2. 掌握市场上同类或相似产品的特点

我们去超市观察可以看到，在低温熟肉的冷藏销售区域品牌众多，产品品类主要有各类香肠、火腿、里脊等，产品形状、色泽、包装基本近似，不拿起产品仔细看，根本分不清哪个产品是哪家企业生产的，是哪个品牌，产品的同质化现象非常严重。田园乐的金香烤乳猪等产品的特色非常鲜明，以原生态为卖点，积极推进有机产品生产标准，未添加抗生素和超量重金属元素，胆固醇较低，不饱和脂肪酸、鲜味氨基酸分别高于一般猪 6%和 1.5%，特别是肌纤维中香味脂肪颗粒高出 28%，这些突出的产品特点对合作社市场推广是一大优势。

3. 分析本企业的资金与销售渠道状况

正是因为低温熟肉产品的保质期较短，更要求产品在销售终端实现快速的流通。产品如果在超市的销售速度慢，接近保质期后就要低价促销，企业的利润空间就会大大缩小。低温熟肉产品的核心销售终端是大中型超市，其他销售终端的销量会比较小。而超市往往需要较高的进店费用，其他方面的费用加起来也不少，多数超市还会出现压款的现象，另外低温熟肉产品还需要冷链运输。可见低温熟肉产品的销售成本会比较高。在销售终端，如果企业在超市销售终端没有足够的产品推广力度，多数消费者往往会选择大品牌，这无形中又加大了中小低温熟肉产品企业的竞争压力。

这对资金相对薄弱的合作社来说，是一大瓶颈。如果没有相应的解决措施与应对办法，投资风险随之大增。

4. 对市场进行调查分析，寻找目标顾客

了解消费者对企业产品的需求不是仅仅走走超市，逛逛批发市场就能做到的，而是需要在产品上市之前对消费者进行专业、科学的消费者需求定量和定性市场问卷调研，并对调研数据进行系统的分析，找到自己企业产品的目标消费群体是谁，对产品的核心需求是什么，在专业市场调研数据的基础上进行精准的品牌和产品策划。

通过问卷调查分析发现低温熟肉产品的核心消费群体是 26～45 岁的白领、上班族。他们生活节奏快，每天要面对工作和生活的双重压力，下班后又要为全家做可口的饭菜。低温熟肉营养、便捷、口味好的产品特点成为这个消费群体的首选。所以低温熟肉品牌需要在产品利益点和价值观两个层面与这个核心消费群体充分沟通，成为他们信赖的品牌和产品，同时以这个核心消费群体带动其他消费者群体的购买和消费。

田园乐的产品生产过程是原生态的，这满足了消费者对安全保障的需求；产品肉质细嫩多汁、鲜香爽口、香味浓郁、回味悠长，这满足了消费者对产品品质利益的需求。

综合以上调查分析，合作社开发新产品有品质高、特色鲜明、市场空间大等有利因素，也有资金少、销售链不健全、同类产品竞争激烈等不利因素，因此在新产品的投资上要慎重考虑。

(三)任务实施的组织

1. 通过对案例的阅读、讲解、分析，让学生掌握本例中运用的市场调查方法有哪些？这些方法又是如何运用的？

2. 通过查找资料，充分了解市场调查要调查哪些方面的内容？调查对企业营销起到什么作用？

3. 安排分组调查，以学校其他班级同学为调查对象，调查消费者最喜欢什么样的熟肉产品，并拟定一份调查问卷。

4. 每组选一个代表，把调查问卷在全班进行演示与讲解，其他成员补充，全班讨论。

5. 以案例分析的方式进行知识巩固，要求以组为单位，每个同学参与。

三、学习拓展

学会设计调查问卷

(一)调查问卷的概念及构成

1. 概念

调查问卷又称调查表或询问表，它是市场调查的一种重要工具，用以记载和反映市场的重要内容。

2. 调查问卷的结构

调查问卷一般可以看成是由三大部分组成：卷首语(开场白)、正文和结尾。

问卷的开头部分是致被调查者的信或问候语，包括以下几个部分：

(1)称呼、问候。

(2)调查人员自我介绍。

(3)简要地说明调查的内容、目的、填写方法。

(4)说明作答的意义或重要性。

(5)说明所需时间。

(6)保证作答对被调查者无负面作用,并替他保守秘密。

(7)表示真诚的感谢,或说明将赠送小礼品。

问卷的正文也包含了三大部分。第一部分包括向被调查者了解最一般的问题。第二部分是主要的内容,包括涉及调查主题的实质和细节的大量题目。第三部分一般包括两部分的内容,一是敏感性或复杂的问题,以及测量被调查者的态度或特性的问题;二是人口基本状况,例如被调查者的性别、年龄、文化程度、职业、家庭情况、经济状况等等。

问卷的结尾一般可以加上1～2道开放式题目,给被调查者一个自由发表意见的机会。然后,对被调查者的合作表示感谢。

(二)调查问卷设计的原则

(1)问卷上所列问题应该都是必要的,可要可不要的问题不需列入。

(2)所问问题是被调查者所了解的。所问问题不应是被调查者不了解或难以答复的,使人感到困惑的问题会让你得到"我不知道"的答案。在"是"或"否"的答案后,应有一个"为什么",回答问题所用时间最多不超过半小时。

(3)在询问问题时不要转弯抹角。如果想知道消费者为什么选择你的畜产品,就不要问:"你为什么不去其他店购买?"因为此时你得到的答案是他们为什么不喜欢其他的店铺,但你真正需要了解的是他们为什么喜欢你的产品。

(4)注意询问语句的措辞和语气。在语句的措辞和语气方面,一般应注意以下几点。

①问题要提得清楚、明确、具体。

②要明确问题的界限与范围,问句的字义(词义)要清楚,否则容易造成误解,影响调查结果。

③避免用引导性问题或带有暗示性的问题。诱导人们按某种方式回答问题,会使你得到你自己提供的答案。

④避免提问使人尴尬的问题。

⑤对调查的目的要有真实的说明,不要说假话。

⑥需要理解被调查者所说的一切。

⑦不要对任何答案做出负面反应。

(三)调查问卷提问的方式

调查问卷提问的方式可以分为以下两种形式。

(1)封闭式提问。也就是在每个问题后面给出若干个选择答案,被调查者只能在这些备选答案中选择自己的答案。

(2)开放式提问。也就是允许被调查者用自己的话来回答问题。由于采取这种方式提问会得到各种不同的答案,不利于资料统计分析,因此在调查问卷中一般不超过3个。

(四)调查问卷的设计要求

在设计调查问卷时,设计者应该注意遵循以下基本要求:

(1)问卷不宜过长,问题不能过多,一般控制在20分钟左右回答完毕。

(2)能够得到被调查者的密切合作,充分考虑被调查者的身份背景,不要提出对方不感兴趣的问题。

(3)要有利于使被调查者做出真实的选择,因此答案切忌模棱两可,使对方难以选择。

(4)问题的排列顺序要合理,一般先提出概括性的问题,逐步启发被调查者,做到循序渐进。

(5)将比较难回答的问题和涉及被调查者个人隐私的问题放在最后。

(6)提问不能有任何暗示,措辞要恰当。

图1-3为猪场市场调查流程图示例。

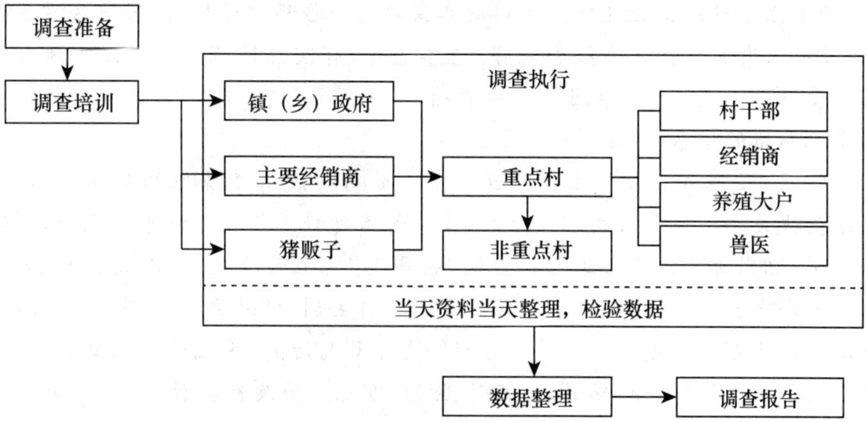

图1-3　猪场市场调查流程图

四、任务巩固

学习下面的案例,分析市场调查与分析在李国勇创业成功中起到什么作用?

案例二

开垦庙社区三队大学生回乡创业　养猪圆他致富梦

(http://www.bt.chinanews.com/)

李国勇是新疆建设兵团农六师奇台农场开垦庙社区三队一名青年职工,1999年毕业于西北民族学院纺织专业系。毕业后,由于没有找到合适的工作岗位,在乌市一边打工一边寻找出路,终因没有找到合适的工作,2002年春天,李国勇踏上了回乡的班车。

李国勇家住山区丘陵地带,人均耕地只有0.4公顷,其中大部分是靠天吃饭的山旱地,家庭经济收入非常微薄。李国勇回乡后,正赶上当地学校缺少一名代课教师,在父母的劝说下,李国勇当了一名代课教师。李国勇心里想代课不是长久之计,于是他一边代课一边寻找其他的致富门路。他充分利用业余时间和双休日开始做大量的市场调查,通过调查,李国勇看准了市场行情较好而且适合自己的养猪行业。他利用暑假时间,自己动手盖起了一座50米^{2}的简易猪舍,2007年底李国勇的代课期已满,他下定决心在养猪这个行业上干一番大事。由于家庭经济条件差,没有启动资金,于是他向亲戚朋友东借西凑了7 000元,购买了30头仔猪和饲料,开始了他艰难的创业之路。起初他养猪缺乏经验和管理技术,仔猪经常发生疾病,他便买来有关养猪的书籍和光碟,边学边养,有空就待在猪圈里细心地观察仔猪的饮食情况。这一年,李国勇出栏肥猪50头,净赚25 000元,这一切更进一步坚定了他养猪的信念。

2009年,他准备扩大再生产。创业初次成功并没有冲昏他的头脑,他通过报刊网络查找关于生猪养殖的相关信息,收集价格资料。经过详细市场调查,科学的分析预测,他判断生猪行业正处在传统"猪周期"的上升阶段,可以大胆投资,于是李国勇自筹资金2万元,又申请农场团委青年自主创业"助力行动"贷款2万元,社区补助红砖2万元修建起了一座250米^{2}的封闭式猪圈,年底出栏达到了200头,正赶上这年生猪价格一路攀升,他又净赚10万元。为改良品种,实现自繁自育的目标,他从奇台县东湾猪场购进15头新品种生产母猪和公猪,开始自繁自育,走向了规模化养殖。如今,李国勇不但娶了城里的姑娘做媳妇,家中还购置了电脑,装上宽带,日子过得红红火火。

李国勇富了，但他的成功不是偶然的，详细的市场调查，科学的行情分析，优良品种的选择，勤劳的双手，地方政府的支持都是他成功的推手。

五、评价与反馈

教师、学生对本项目的学习过程进行总结，并认真填写本教材最后面的附录一评价与反馈。

模块二　畜产品市场营销策略

项目一　选择最合适的畜产品市场

【学习目标】

完成本项目的学习任务后，你应该能

1. 了解畜产品的目标市场及市场细分的定义；
2. 学会选择正确的畜产品目标市场；
3. 结合自身生产实践，认知畜产品市场机会有哪些；
4. 合理利用当地的自然、经济条件，准确把握市场机会。

【项目描述】

本项目主要介绍畜产品目标市场含义，以及畜产品市场细分的方法。结合实例，讲解了畜产品市场的机会把握方法与技巧，并结合实践，分析畜产品生产经营者怎么才能把握最佳的市场机会。

【思维导图】

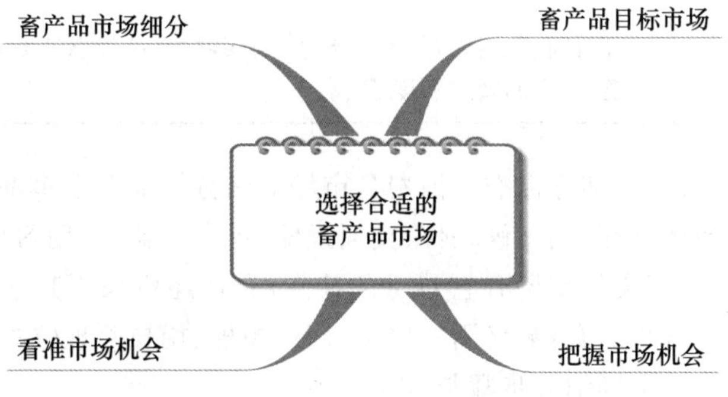

任务4 学会细分并选择畜产品目标市场

一、学习准备

(一)知识准备

1. 畜产品市场细分的概念及细分标准

畜产品市场细分是指营销者通过市场调研,依据消费者的需要和欲望、购买行为和购买习惯等方面的差异,把某一产品的市场整体划分为若干消费者群的市场分类过程。每一个消费者群就是一个细分市场,每一个细分市场都是具有类似需求倾向的消费者构成的群体。

(1)畜产品营销市场细分标准。

①消费品市场的细分标准。消费品市场的细分标准可以概括为地理因素、人口统计因素、心理因素和行为因素四个方面,每个方面又包括一系列的细分变量,如表2-1所示。

表2-1 消费品市场的细分标准变量

细分标准	细分变量
地理因素	地理位置、城镇大小、地形、地貌、气候、交通状况、人口密集度等
人口统计因素	年龄、性别、职业、收入、民族、宗教、教育、家庭人口、家庭生命周期等
心理因素	生活方式、性格、购买动机、态度等
行为因素	购买时间、购买数量、购买频率、购买习惯(品牌忠诚度)、对服务、价格、渠道、广告的敏感程度等

②生产资料市场的细分标准。消费品市场的细分标准有很多都适用于生产资料市场的细分,如地理环境、气候条件、交通运输、追求利益、使用习惯、对品牌的忠诚度等。但由于生产资料市场有它自身的特点,企业还应采用其他一些标准和变数来进行细分,最常用的有:最终用户要求、用户规模、用户地理位置等变数。

(2)畜产品营销市场细分步骤与程序。

①市场细分步骤(图2-1)。

一是选定产品市场范围。畜产品生产经营者应明确自己的产品市场范围,并以此作为制定市场开拓战略的依据。

二是列举潜在顾客的需求。可从地理、人口、心理等方面列出影响产品市场需求和顾客购买行为的各项变数。

三是分析潜在顾客的不同需求。畜产品生产经营者应对不同的潜在顾客进行抽样调查,并对所列出的需求变数进行评价,了解顾客的共同需求。

四是制定相应的营销策略。调查、分析、评估各细分市场,最终确定可进入的细分市场,并制定相应的营销策略。

图 2-1 市场细分步骤

②市场细分程序(图 2-2)。

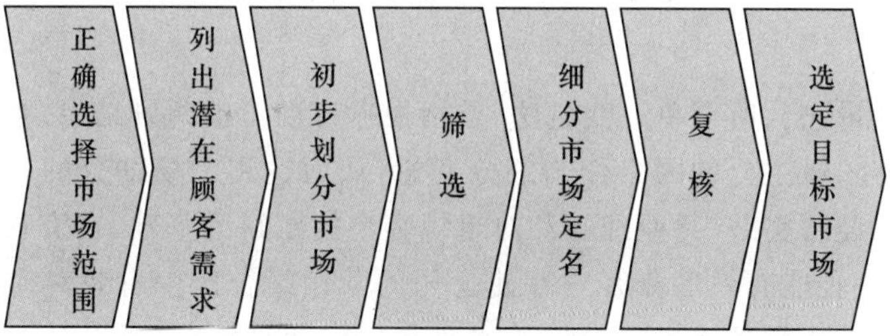

图 2-2 市场细分程序

一是正确选择市场范围。畜产品生产经营者根据自身的经营条件和经营能力确定进入市场的范围,生产什么畜产品,提供什么服务。

二是列出市场范围内所有潜在顾客的需求情况。根据细分标准,比较全面地列出潜在顾客的基本需求,作为以后深入研究的基本资料和依据。

三是分析潜在顾客的不同需求,初步划分市场。企业将所列出的各种需求通过抽样调查进一步搜集有关市场信息与顾客背景资料,然后初步划分出一些差异最大的细分市场,至少从中选出三个细分市场。

四是筛选。根据有效市场细分的条件,对所有细分市场进行分析研究,剔除不合要求、无用的细分市场。

五是为细分市场定名。为便于操作，可结合各细分市场上顾客的特点，用形象化、直观化的方法为细分市场定名。如对奶制品市场分为老年型、儿童型、学生型、补钙型、饮料型等。

六是复核。进一步对细分后选择的子市场进行调查研究，充分认识各细分市场的特点，细分市场的规模及潜在需求，还需要对哪些特点进一步分析研究等。

七是决定细分市场规模，选定目标市场。畜产品生产经营者在各子市场中选择与其经营优势和特色相一致的市场作为目标市场。经过这一步，就已达到市场细分的目的。

(3)畜产品营销市场细分方法(图 2-3)。

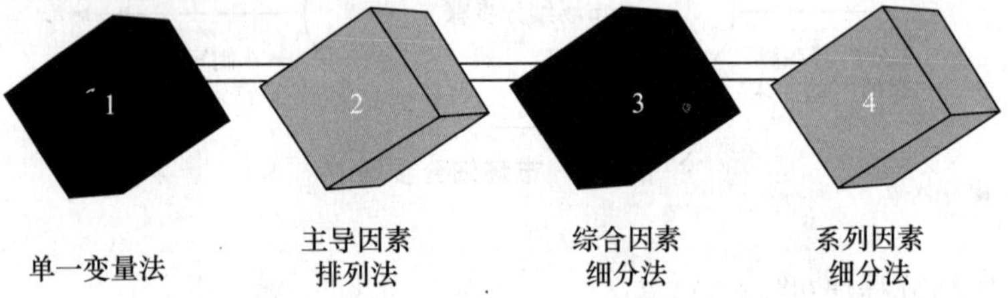

图 2-3 畜产品营销市场细分方法

①单一变量法。所谓单一变量法，是指根据市场营销调研结果，把选择影响消费者或用户需求最主要的因素作为细分变量，从而达到市场细分的目的。这种细分法以公司的经营实践、行业经验和对组织客户的了解为基础，在宏观变量或微观变量间，找到一种能有效区分客户并使公司的营销组合产生有效对应的变量而进行的细分。如补钙乳品市场需求量的主要影响因素是年龄，可以针对不同年龄段的老人和儿童设计适合不同补钙需要的乳品。

②主导因素排列法。主导因素排列法即用一个因素对市场进行细分，如按性别细分化妆品市场，按年龄细分服装市场等。这种方法简便易行，但难以反映复杂多变的顾客需求。

③综合因素细分法。综合因素细分法即用影响消费需求的两种或两种以上的因素进行综合细分，例如用生活方式、收入水平、年龄三个因素可将羊肉市场划分为不同的细分市场。

④系列因素细分法。当细分市场所涉及的因素是多项的，并且各因素是按一定的顺序逐步进行，可由粗到细、由浅入深，逐步进行细分，这种方法称为系列因素细分法。

案例一

某乳业集团针对七类细分市场，推出了七大类奶产品见表2-2。

表2-2　某乳业集团牛奶市场细分表

产品名称	产品特点及构成	品牌定位	市场定位(目标消费群)
纯牛奶	由百分百牛奶精制而成。采用国际先进的“闪蒸”技术不破坏牛奶的营养价值的前提下，低温蒸发部分水分	来自大草原，自然好味道	刚开始为小孩，后来扩展到一般人
高钙低脂牛奶	脱脂高纤维，吃饱喝足不会增加脂肪	喝出漂亮，喝出好身材	中老年人和青年女性
早餐牛奶	牛奶、鸡蛋与核桃粉，空腹即饮	营养早点到	上班族
高钙牛奶	牛奶、维生素 D_3、乳酸钙，能增加睡眠，并且增加骨骼的硬度	喝好才能睡得好	老年人、补钙族
酸酸乳饮料	鲜牛奶添加益菌因子和柠檬酸，能够促进肠道蠕动，抑制有害菌增长，同时促进B族维生素合成	酸酸甜甜就是我	十几岁的学生族
真果粒	牛奶、草莓果粒，含水果膳食纤维	牛奶加果粒，每“粒”有新意	爱美的年轻女性
未来星非凡少年	牛奶加牛磺酸，学习起来更轻松	快乐成长好伙伴	少年儿童

2. 市场细分的重要性

没有一个企业能够满足消费者的所有需求，这就要求畜产品生产经营者准确地找到现有的和潜在的客户。了解销售额与利润从何而来，是生产者理解当前所处市场位置和判断潜在市场方向的关键。

3. 顾客和消费者的差异

进行市场细分是市场营销的一个关键因素，顾客需求与供应商满足顾客需求的能力之间的一致性也是一个基本要素。为了了解市场细分，有必要先搞清楚顾客与消费者这两个角色的差异。

最终消费者不一定是顾客。例如，购买牛奶的母亲或许是中间顾客，而最终的消费者是她的孩子们。为了有效地运作畜产品市场，营销者就应该知道最终消费者想要的到底是什么，就像要了解那位母亲的孩子们究竟需要什么一样。

直接顾客就是那些直接从生产者进行购买的个人或组织，例如分销商、批发商和零售商等。对于生产者来说，直接顾客是交换关系的直接当事人，也是消费者意见的集中体现，所以更要加强沟通与联系。

4. 选择畜产品营销目标市场

产品目标市场指企业在整体市场上选定作为营销活动领域的某些细分市场，这一类的消费者群体的市场需求成为畜产品生产经营者的主要对象。图 2-4 为目标市场图示。

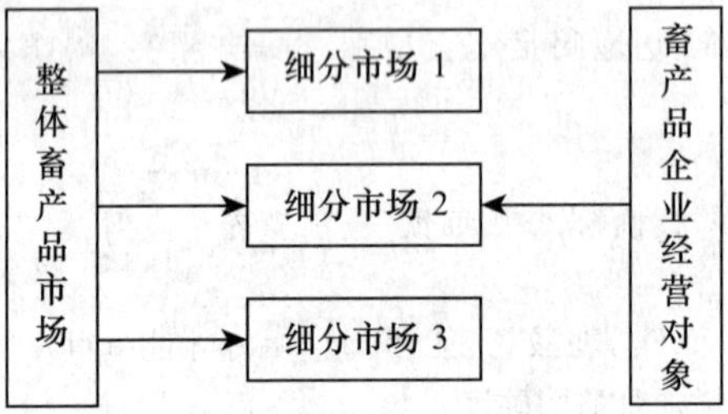

图 2-4 目标市场图示

(1)选择畜产品目标市场条件。

一是有一定的规模和发展潜力。畜产品生产经营者进入某一市场是期望能够有利可图，如果市场规模狭小或者趋于萎缩状态，生产经营者进入后难以获得发展空间，此时，应审慎考虑，不宜轻易进入(图 2-5)。

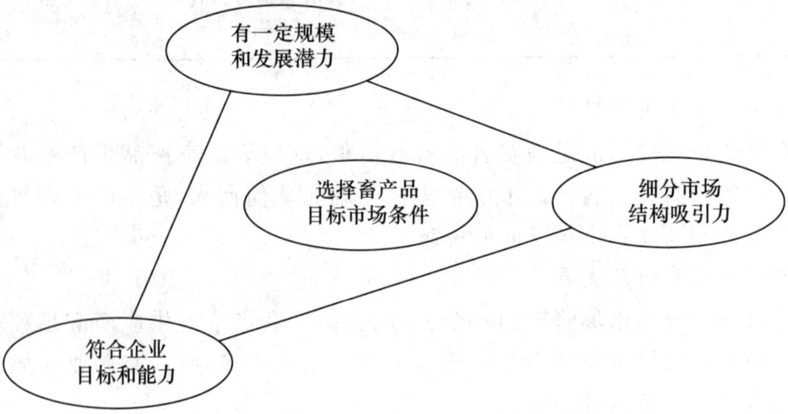

图 2-5 选择畜产品目标市场条件

二是符合畜产品生产经营者的目标和能力。某些细分市场虽然有较大吸引力，但不符合公司的发展目标与方向，这样的市场应考虑放弃。另外，还应考虑自身的资源条件是否适合在某一细分市场经营。只有选择那些自身有条件进入、能充分发挥其资源优势的市场作为目标市场，生产经营者才能立于不败之地。

(2)选择目标市场模式。

一是密集单一市场。最简单的方式是选择一个细分市场集中营销。畜产品生产经营者通过密集营销，更加了解本细分市场的需要，并树立了特别的声誉，因此便可在该细分市场建立巩固的市场地位。如某养殖专业合作社只生产一个品种的土猪肉，以供应市场需求。当前土猪肉市场空间很大，需求旺盛，所以密集单一的市场同样有利可图。

二是有选择的专门化。采用此法选择若干个细分市场，其中每个细分市场在客观上都有吸引力，并且符合公司的目标和资源。如模块一案例三中，康生源生态农业有限公司细分市场包括有机蔬菜、有机葡萄、纯天然畜禽产品等。

三是产品专门化。即企业生产一种产品，向各类消费者同时销售这种产品。但产品在档次、质量、功能以及促销上有所不同。如无铅皮蛋加工厂，只生产无铅皮蛋一种产品来满足市场需求，但会根据消费者的不同需要，采用不同原材料与包装、生产工艺。

四是市场专门化。指专门为满足某个顾客群体的各种需要而服务。如食品加工企业只生产低糖或无糖的食品，专门供应糖尿病患者。这个目标市场看起来很小，但只要在消费者群体中产生了品牌效应，同样能为生产者带来丰厚的利润。

五是全面市场覆盖。即为所有顾客提供他们所需要的性能不同的系列产品。这种模式只有大型企业才能采用，不适合小规模的畜产品生产者。

(3)选择畜产品营销目标市场策略。选择目标市场，畜产品生产经营者应为哪一类用户服务，满足他们的哪一种需求，是关系到营销活动成败的一项重要策略(图 2-6)。

图 2-6 选择畜产品营销目标市场策略

一是无差别市场策略。畜产品生产经营者把整个市场作为自己的目标市场，只考虑市场需求的共性，而不考虑其差异，运用一种产品、一种价格、一种推销方法，吸引尽可能多的消费者。这种策略的优点是产品单一，容易保证质量，能大批量生产，降低生产和销售成本。但如果同类企业也采用这种策略时，必然要形成激烈竞争。例如：我国生猪行业非常典型的周期性行情，其形成的重要原因之一就是绝大多数养殖户生产品种单一，在同一市场进行简单竞争。

二是差别市场策略。是把整个市场细分为若干子市场，针对不同的子市场，设计不同的产品，制定不同的营销策略，满足不同的消费需求。畜产品生产经营者要根据自身产品特点、生产能力和市场状况，决定是否采取这种策略。如自身产品品种类别比较多，市场规模比较大，不同消费群体特征差异明显，可考虑此策略。

三是集中市场策略。是在细分后的市场上，选择两个或少数几个细分市场作为目标市场，实行专业化生产和销售。在个别少数市场上发挥优势，提高市场占有率。畜产品生产经营者由于生产规模比较小，市场覆盖面小，非常适合采用这种策略。因为能集中优势力量，有利于产品适销对路，降低成本，提高产品的知名度。这种策略也有风险，因为目标市场范围小，品种单一，如果目标市场的消费者需求和爱好发生变化，可能因应变不及时而导致经营困难。同时，当强有力的竞争者打入目标市场时，竞争将非常激烈。因此，畜产品生产经营者为了分散风险，仍应选择一定数量的细分市场为自己的目标市场。

三种目标市场策略各有利弊。选择目标市场时，必须考虑各种因素和条件，如生产规模和原料的供应、产品类似性、市场类似性、产品寿命周期、竞争的目标市场等。选择适合本企业的目标市场策略是一个复杂而科学的工作。企业内部条件和外部环境在不断发展变化，经营者要不断通过市场调查和预测，掌握和分析市场变化趋势与竞争对手的条件，扬长避短，发挥优势，把握时机，采取灵活的适应市场态势的策略，去争取较大的利益。

(二)资料准备

1.利用图书馆或资料室以及报纸杂志，查找有关畜产品市场细分标准及方式的信息资料。

2.查找本地畜产品市场细分的相关案例资料，分析其成功或失败的原因，并写出分析报告。

3.利用网络查找收集有关如何选择畜产品目标市场的案例资料，从中总结符合本地实际的畜产品目标市场。

二、任务设计与实施

【任务设计】

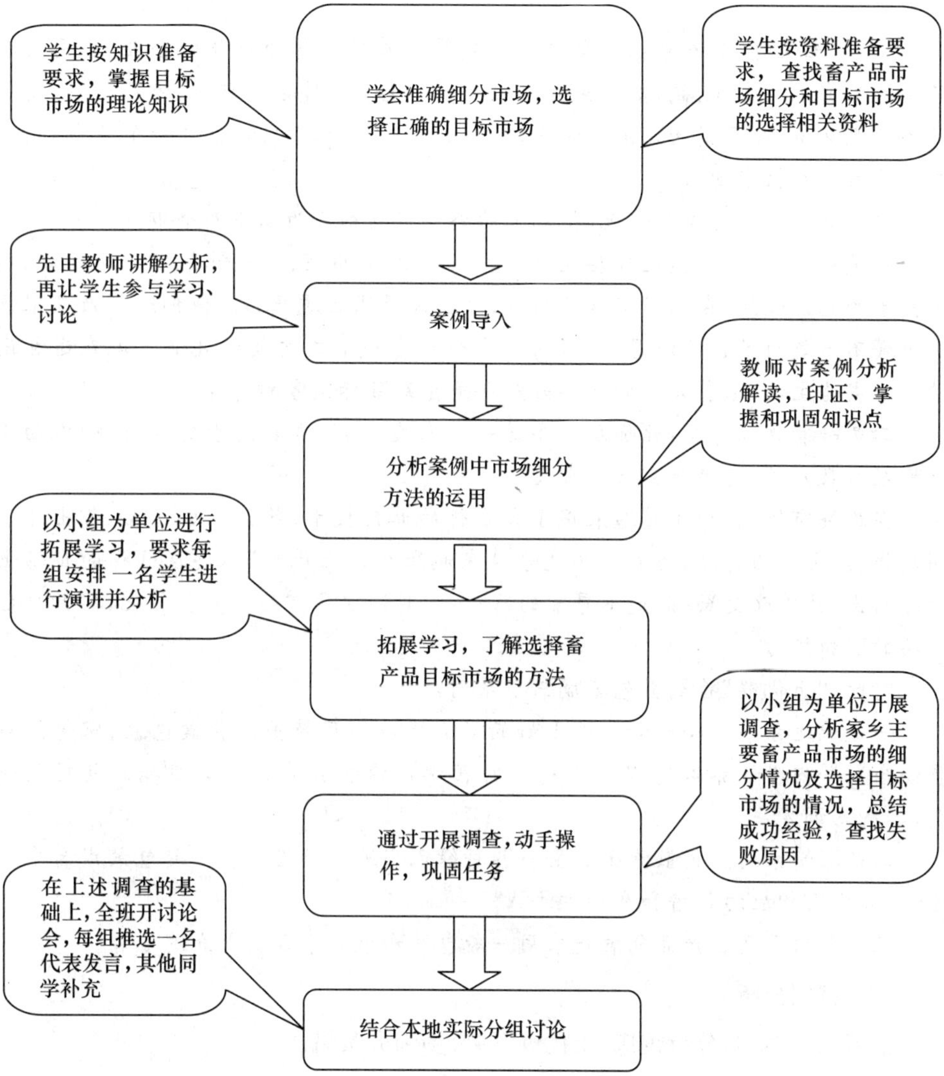

【任务实施】

(一)导入案例

案例二

一个鸡蛋的不同选择

重庆“土优鲜”是一家以家禽类农牧发展型养殖销售为一体的企业，公司主营的家禽类有鸡、鸭、兔、鸽，全部为放养式喂养。生长环境依山傍水，空气清新，有充足的日照环境，每天喝的是山间溪水，吃的是天然虫子，雨露滋润生长的青草，是纯绿色无污染有机家禽。

该企业根据市场现状情况，把鸡蛋的整个市场细分为以下两个市场：

一是中上收入阶层：此阶层主要包含一些白领，管理人士等，他们追求时尚，追求健康的意识较强，在购买畜禽产品时，往往选择高品质产品。他们选择散养家禽土鸡蛋不只是为了自身消费，很多时候是作为亲戚朋友之间的礼品。现在送礼送健康已成为主流，绿色天然的产品当然更是受到目标顾客的青睐。

二是一般收入阶层：此阶层主要是一般家庭，他们主要用于自身消费，但由于此阶层人数众多，其市场需求非常大。

在鸡蛋市场上，由于普遍采用了大众化的养殖技术，导致多数产品，都出现了同质化、同类化的特点，随着市场竞争越来越激烈，“土优鲜”想要在这样的市场上脱颖而出，就要改变思路，走不寻常的路线，同时还要注重品牌的差异化，提升自己产品的创新能力。

对此，“土优鲜”将鸡蛋包装成三个系列：

一是鸿运系列。将精心挑选上好的散养土鸡蛋用精美的礼盒包装（家禽土鸡蛋组合），并内附散养家禽以及土鸡蛋的营养价值和放养追溯二维码及其功效说明，各种烹调方法。

二是深情系列。将散养土鸡蛋与各种绿色当地特产搭配在一起包装成为多种套餐，并内附相应的菜谱和烹调方法。

三是普通系列。产品包装是采用一般包装和散装来吸引大众消费者。

(二)案例分析

学习以上案例，分析重庆“土优鲜”的市场细分策略。

1. 抓住市场机遇，创立名优品牌，为占领市场打下良好的基础

当前，家禽有机养殖整体尚处于起步阶段，有很大的发展空间。而目前重庆市场家禽类土鸡蛋类“知名品牌”还未树立，“土优鲜”具有很好的竞争机会。随着西

部大开发的进展，重庆必将进入一个更高的消费层次，对原生态、绿色、无公害农产品的认识逐步加强。"土优鲜"主营的家禽类有鸡、鸭、兔、鸽等，为创立生态绿色品牌，公司全部采取放养式喂养。生长环境依山傍水，空气清新，有充足的日照环境。家禽每天喝的是山间溪水，吃的天然虫子，自然生长的青草，是纯绿色无污染有机禽产品。良好的生产环境，严格科学的生产过程为企业创立名优品牌打下坚实的基础。

2. 分析消费群体，进行市场细分

散养家禽以及土鸡蛋和普通畜禽产品在消费者心中存在很大的差异性，消费群体大不一样。散养家禽以及土鸡蛋消费者一般是中高收入群体，他们追求绿色生态，讲究健康。普通鸡蛋消费者主要是低收入者，他们因为散养家禽以及土鸡蛋价格过高，而习惯性购买普通鸡蛋。经过调查发现，在中高收入群体中，也存在着很大的差异：高收入者一般很少做饭，平均用蛋量低，但是要求精致美观的包装；中等收入者平均用蛋量高，对产品品质要求高，但对包装的要求很普通。根据以上调查分析，"土优鲜"对市场进行了细分，分为普通人群和中高收入人群。

3. 确定目标市场

经过市场细分后，结合消费者的需求与自身产品的鲜明特色，公司将目标市场定为中高收入人群。同时根据中高收入人群中又存在着差异性，他们对目标市场进行精确定位，根据目标市场客户的不同需求，推出三个不同系列。

鸿运系列：是消费者过节走亲访友、慰问病人同事的最佳选择。产品送出的不仅是心意，更是健康。鸿运系列采用礼品包装，精美有档次，非常受高端目标顾客的喜欢。

深情系列：主要是帮助解决消费者怎样搭配营养及如何烹调等问题，由消费者根据自己的需要选择；年轻夫妻家庭、公司白领等优质目标顾客非常喜欢这款产品。

普通系列：面向目标市场中的普通消费者，产品一般包装或散装形式，相对低的价格与亲民的包装能让普通目标顾客对其能够产生信赖及好感，愿意尝试该产品。

重庆"土优鲜"由于制定了科学的营销战略，进行了详细的市场调查分析，并在此基础上进行市场细分和准确的目标市场定位。在确定目标市场后，公司根据不同顾客群的需要，制定了有针对性的包装与营销策略，取得了良好的经济效益。

(三)任务实施的组织

1. 通过对案例的阅读、讲解、分析，让学生掌握怎样合理运用畜产品市场细分的方法。

2. 通过对上述多个案例的比较分析，充分了解市场细分的标准和程序。

3. 安排分组调查，当地的畜产品生产经营者是如何通过市场细分来确定目标市场的，每组写一个调查报告。

4. 每组选一个代表，把调查报告在全班进行演示与讲解，其他成员补充，全班讨论。

5. 安排好每组学生的拓展学习，每组学员准备两名同学现场进行课堂分析，全班讨论。

6. 以市场调查的方式进行知识巩固，要求以组为单位，每个同学参与。

三、学习拓展

利用以上学习的知识，分析下面案例，为什么祁连县的有机畜产品可以签订千万元订单？

案例三

祁连县有机畜产品从上海“牵来”千余万元销售大单

(http://www.agri.cn 2015.06.02)

第九届中国国际有机食品博览会青海展厅喜气洋溢，经过三天时间的推介、洽谈，青海祁连亿达畜产肉食品有限公司与上海新御农农产品有限公司达成合作协议，签订了总价值为1 000余万元的祁连藏羊、牦牛有机产品供销协议。

“来自青藏高原的有机畜产品深受上海市民的青睐，这次借助展会平台我们再签一个大单，这让我们对开发青海特色农产品市场更加充满信心。”上海新御农农产品有限公司负责人介绍，上海顾客对于青海产品的评价很高，我们公司想借此机会引进更优质的青海有机产品，丰富上海市民菜篮子。此次现场签约本着利益双赢的原则，通过资源整合，在充分发挥祁连县资源优势和产品优势的基础上，利用上海的市场优势，实现优势互补，互利共赢。

“博览会的举办让企业走出青海，走向更广阔的市场，通过展会平台我们结识了上海这边的合作伙伴，企业也迎来了最好的发展机遇”。青海祁连亿达畜产肉食品有限公司董事长冶明亮说，协议的签订对开发当地畜牧业优势资源，促进农畜产品加工升值，增加农牧民收入具有十分重要的意义，他表示下一次将带来更多的“青海造”有机产品。

四、任务巩固

1. 经过复习，熟练掌握畜产品市场细分的方法。

2. 通过社会实践调查，熟练掌握通过市场细分来确定目标市场的方法与手段。

任务5 把握最佳的市场机会

一、学习准备

(一)知识准备

1. 畜产品市场流通

在市场上以货币为媒介,实现从生产者手中转移到消费者手中的畜产品商品交换的过程。畜产品流通具有较大的经营风险和不平衡性,同时畜产品流通主要形成三大流向,分别是由产区到销区、由农村到城市、由出口口岸到国外。购、销起主导作用,贮藏、加工、运输是购销的必要条件,这五个环节相互协调、紧密衔接,实现流通顺畅,避免损失(图2-7)。

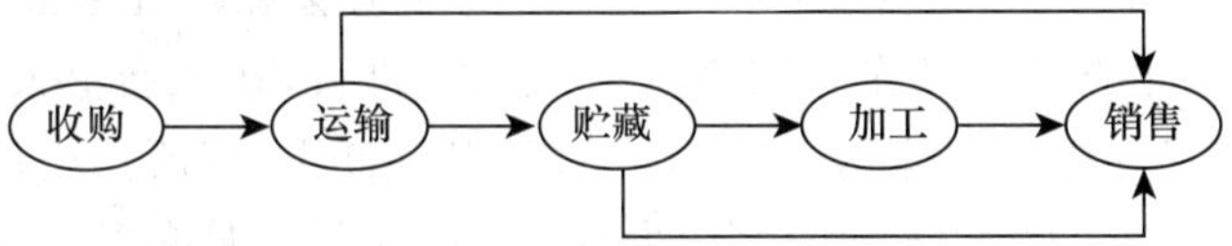

图2-7 畜产品流通五个环节示意图

2. 畜产品的需求与市场供给

畜产品需求指人们在一定时期内,按不同的价格水平购买的某种畜产品的能力。是购买欲望和购买能力的统一,是有货币支付能力的有效需求,包括消费者对最终畜产品的需求,加工部门对中间畜产品的需求和畜产品出口需求。消费者需求包括以下三个层次:

(1)需要——没有得到基本满足的某些感受。生理、心理上的或精神的、物质的不足、欠缺或不平衡状态。

(2)欲望——对满足需要的特定事物的意愿或企盼,表现为消费的选择。比如为满足"解渴"的生理需要,人们可能选择开水、茶、果汁、可口可乐等多种产品形式。市场营销无法创造需要,但可以影响欲望,并开发特定的产品和服务来满足欲望。人的需要是有限的,欲望却几乎无穷无尽。

(3)需求——建立在购买力基础上的欲望。表现为消费者不仅有购买意愿,而且有支付能力获得产品。畜产品生产经营者可通过各种营销手段来影响需求,并根据对市场需求的调研,决定是否进入某一产品或服务市场。由畜产品需求函数和需求曲线可以看出需求决定于畜产品的价格、消费者的收入水平、相关商品价格和消费者偏好这四个因素。

畜产品供给指人们在一定时期内能够提供出售的某种畜产品的数量。它具备两个条件:即有出售产品的愿望和有提供畜产品的能力。影响畜产品供给的主要因素有:畜产品自身价格、相关畜产品的价格、畜牧业生产技术水平、生产资源的价格及其投入量、饲养畜禽的比较效益等几个因素。

要切实调节好畜产品供需的矛盾,需要从加强科技投入,提高畜产品的供给能力;调整畜产品供给结构;调整畜产品供给时间;合理布局畜牧业生产;提高畜产品加工、储存和运输能力;加强信息体系建设这几个方面来努力。

3. 畜产品如何把握最佳的市场机会

(1)"造势"进入,创造市场机会。利用有利的内部资源和外界系统,或利用有利的竞争因素如"平地惊雷"般地先发制人,促使时机与态势早日来临,从而使竞争对手措手不及,从而达到迅速占领市场的目的。2015 年 1 月 18 日,第二届中国硒产品博览会暨中国恩施・世界硒都硒产品博览交易会在湖北省恩施州城拉开帷幕。恩施市很多生态养殖场充分利用这一"造势"机会,在展会上大力推广恩施富硒土鸡蛋,该产品是恩施土家散养在山上的草鸡觅食虫、草所产的鲜鸡蛋,它个头肥硕、蛋汁清润、高能低脂,营养丰富、少腥味、无污染。土鸡蛋中含有丰富的硒、碘、维生素 E、维生素 A、DHA、卵磷脂、脑磷脂、神经磷脂等营养成分,是儿童智力发展不可缺少的营养组成部分,能健脑益智,避免老年人智力衰退,并可改善各个年龄组的记忆力。由于此次展示会的影响力非常大,媒体关注程度很高,参会的客商来自世界各地,此次的"造势",为恩施本地特色的畜产品走向全国乃至世界,创造了良好的机会。

(2)"攻势"进入,抢得市场先机。当市场整体趋势向前迈进时,适时利用竞争优势采取正面攻击策略,占领市场,创造佳绩。采用这种方式进入时,时机的把握非常重要。例如,在 1989 年,台湾正式向岛外开放洋酒市场。一时间,世界五大洋酒品牌与数不清的小品牌纷纷涌入台湾市场。而美国的菲利普・莫里斯公司凭借其雄厚的财力和渠道优势,先经过一阵"造势"(在市场开放前,岛内报纸每天都在讨论洋酒的可能排名及市场接受速度)后,以雷霆万钧的攻势,在营销整体策略运用之下,除了运用公关手段促使媒体刊登对其有利的新闻报道外,在零售点也大量张贴海报、放置陈列架,以攻击性做法率先占有渠道各据点,激发顾客的购买动机。其秋风扫落叶般的攻势造成"雷声大雨点也大"的强大声势,使其一举夺取台湾洋酒市场第一的宝座。这一连串营销活动就是"攻势"的做法。畜产品生产经营者在采取此策略时一定要考虑以下问题：一是前期的运作投入成本非常高，二是产品本身知名度很高。否则，“攻势”行为不仅不能抢得先机，还有可能给企业造成很大损失。

(3)“强势”进入，把握市场机会。“强势”策略是可供强势企业或强势品牌运用的市场进入策略。强势品牌的强处在于运用优越的资源(包括企业规模、知名度、人才等武器)实施总体作战，用浩大的声势扩大打击范围，以广域作战的方式一举攻克市场。如中粮利用其品牌效应，其旗下的中粮“家家康”肉制品卖的价格高、销量好，市场占有率高。主要原因是因为品牌的“强势”，消费者都认为中粮的肉品是高质量肉品的代表。畜产品生产经营者在采取此策略时有一个重要前提：本企业产品在知名度、品牌等方面有非常明显的“强势”地位，能依靠这种强势，快速地占领市场。如果是中小规模的生产经营者，是很难创造与把握这种市场机会的。

(4)“弱势”进入，寻找市场机会。“弱势”策略主要适用于弱势品牌。弱势品牌应当集中火力在优势资源上，展现自己的特性和魅力，极力争取一定的市场份额。弱势应当集中将仅有的资源运用在一点、一个区域或一个市场上。此时，所谓“集中营销力量”就是发挥最有利的资源调配。弱势品牌的营销策略，应该从区域、商圈、零售点切入。应选择强势品牌较弱的地区或忽略的市场，努力做好区域管理或小市场经营，如此由点连成线，再由线圈成面，一个面完成后，再逐步利用各种推广战略，逐步成为区域强势。小规模的畜产品生产经营者就充分认识到自身的“弱势”地位，适时采取“弱势”策略，抓住市场机会，从小市场做起，逐步做大做强。

(5)“顺势”进入，开拓市场机会。当消费者普遍欢迎某种畜产品或品牌时，表示该产品或品牌有较大的潜在市场需求。此时，畜产品生产经营者应顺应这种趋势，适时调配现有资源，努力打开市场，这是企业进入新市场最有效的办法。当前，消费者对畜产品的需求呈现“生态、健康、环保”趋势，畜产品生产经营者应该顺应这一市场需求，开发与生产有机产品、绿色食品等来开拓新市场，创造新机会。

(6)“逆势”进入，创新市场机会。反其道而行之即为“逆势”。例如：对于渠道的开拓，传统的方式由上往下逐步拓展，即批发商—中间商—零售店。但反其道而行之有没有可能产生新的市场机会呢？即在设定新的渠道之前，事先做周密的调查，明确界定目标顾客，再选择目标顾客最合适的渠道，按“零售商—中间商—批发商”的顺序逐级而上，这是一种倒着做市场的方法，对有些畜产品生产经营者是有借鉴作用的。比如新开发的畜产品还没有接受消费者的检验，批发商与中间商是不会问津的。但采用“逆势”策略，先采用试吃、试用等方法吸引消费者，取得消费者的信任，从渠道的最底层做起，逐步发展到零售店——中间商——批发商。由于逆势策略是反传统或者反经验的，因此采用此策略也就具有一定的风险性，主要体现在营销周期比较长，面向顾客的推广费用比较高。

其他畜产品市场切入方式还有很多，畜产品生产经营者要根据实际情况，因地制宜地采取实用有效的市场切入办法，把握各种市场机会，以取得最大的经济效益。

(二)资料准备

1. 利用图书馆或资料室以及报纸杂志，查找有关畜产品促销方式的信息资料；

2. 查找本地畜产品促销的相关案例资料，分析其成功或失败的原因，并写出分析报告。

二、任务设计与实施

【任务设计】

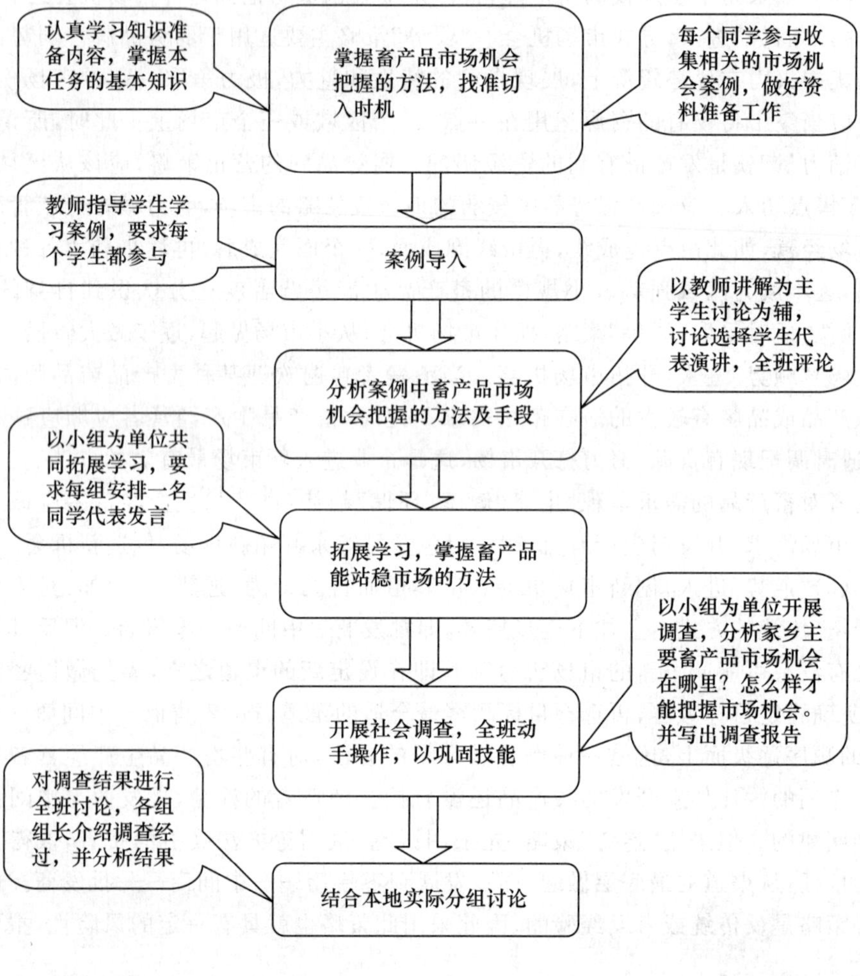

【任务实施】

（一）导入案例

案例四

小鸭脖大生意——绝味鸭脖背后的故事

（中国日报网　2014.12.11）

"妈，买菜时带两根鸭脖回来"；"今晚有球，买20块钱的鸭脖边看边吃吧"；"看电影时想吃什么？""鸭脖子！"

小小一根鸭脖，爱吃的人特别多，消费市场庞大。当你花一二十元津津有味啃着鸭脖的时候，你一定想不到，鸭脖产业每年有近370亿元的市场容量和规模。

商机吸引了众多掘金者，武汉街头主打鸭食品的品牌专营店越来越多。其中，绝味这家诞生不到10年的品牌，目前已在20多个省、市设有子公司和生产工厂，在全国开设的门店已超过5 000家，年零售额达到40亿元，今年巴西世界杯期间，不到半个月时间销售出500 000份"世界杯球迷套装"，销售额合计超过2千万元，创造了"绝味20厘米奇迹"。

"绝味鸭脖"，由于其独特的口味，悠长的回味感，已经成为畜产品加工行业一大品牌（图2-8）。"绝味"品牌为长沙绝味轩企业管理有限公司所有，其是一家以休闲食品的连锁加盟店经营为核心的股份制公司，下辖华中、华南、华东、西北、华北等多家子公司，"绝味鸭脖"即是绝味公司最知名的品牌产品。目前"绝味鸭脖"在鸭脖市场的占有率全国排名第一。

图2-8　小鸭脖大生意

作为一家卤制食品专营店，绝味鸭脖适合在街道、商贸区、商场、超市、居民小区等多种地方开店，开店选址灵活方便。而卤制食品既是一种休闲食品，又是一种日常居家食品，消费人群众多，店面经营不受季节限制。“民以食为天”，新鲜美味、绿色健康、香气诱人的卤味食品越来越受到人们的喜爱，一个前景广阔的卤味食品市场正在吸引着广大投资者的目光。

鸭脖口味香辣、营养丰富，但脂肪含量较低，经常食用，能补充人体必需的蛋白质、维生素E、维生素B等多种营养成分。中草药具有补脾益气、润肺止咳、清热消肿，而且还能养颜滋补，是极好的美容佳品。

鸭脖以香、麻、辣为主，吃时不麻不辣，可一旦停下来则香辣味无穷。鸭脖讲究凉吃，光啃肉，鸭脖肉为“活肉”层次分明，颇有嚼劲，肉啃完后，则吸吮骨节间的骨髓，“滋溜”一声，令人颇有一种成就感。最后喜辣者可将骨头嚼碎，细品慢吸，体验“齿留香”而余味悠长。

(二)案例分析

分析以上案例，绝味鸭脖是怎么把握合适的市场切入时机，从而拓宽了销售渠道，增加了产品销售量？

(1)“顺势”促销抓住了市场机会。在烈日炎炎的夏天，男士们爱喝啤酒，三五个朋友聚在一起，就着几根鸭脖、鸭头、鸭掌聊天调侃，既开心，辣得又过瘾。在寒冷的冬天，因天气寒冷，而使人不想进餐，但如果啃着鸭脖、鸭头、喝着白酒立刻胃口大开，同时也可驱寒保暖，辣味能打开人的毛孔，让您大汗淋漓，边啃边出汗。而且它也是一种休闲食品，在城市的各个角落经常看到。也是外出野餐、旅游、在家看电视的最佳伴侣。今年恰逢“世界杯”年，更为扩大产品销售创造了良好的市场机会。

绝味鸭脖适时地抓住这一市场机会，成功推出系列卤制品，并专门开发“世界杯球迷套装”，使得其代表产品鸭脖子在全国各个城市迅速风靡起来，世界杯期间，不到半个月时间销售出 500 000 份“世界杯球迷套装”，销售额合计超过两千万元，创造了“绝味 20 厘米奇迹”。

(2)消费者喜欢的产品就是最好的市场机会。从古至今，卤味熟食是老百姓最喜欢的食品，不分群体，老少咸宜；中、晚餐、夜市大排档均受到老百姓的欢迎，因此消费群体巨大。如此庞大的顾客群，必将给企业带来更大的市场机会。

(3)加盟政策拓宽了销售渠道。加盟门槛很低，只需要 4 000 元左右，使所有投资人都能承受得起。而每一个加盟店都是公司产品推广的阵地，每增加一个加盟商，产品就多了一个销售渠道，随着加盟商的不断增加，绝味鸭脖迅速在全国铺开了产品销售渠道。

(4)提供全方位技术服务。加盟公司提供全方位的技术培训,手把手的传授技术给创业者,让他们自己掌握熟食技术的秘方与工艺流程,可以开夫妻店、街边店,最多只需雇服务员一人,减小投资压力。此外,还有3年内加盟商可以随时来公司免费进修技术,企业统一VI形象塑造,全国大范围的广告推广,丰富的项目支持,熟食技术创新免费传授加盟商,学习期间免费提供食宿等一系列支持。

(5)降低投资风险。创业者投资1万~3万元即可开业,在广大中小城市、乡镇可以做街边店或路摊等低投资方式。公司进行了投资分析,极大缩短了市场投资回收期,增加了投资者参与的积极性。

(三)任务实施的组织

(1)通过对案例的阅读、讲解、分析,让学生掌握畜产品市场该如何去选择和切入市场。

(2)通过对上述多个案例的比较分析,充分了解市场调查报告的作用以及对市场切入时机的帮助。

(3)安排分组调查,当地的畜产品把握市场机会时做了哪些相关的调查与分析,每组写一个调查报告。

(4)每组选一个代表,把调查报告在全班进行演示与讲解,其他成员补充,全班讨论。

(5)安排好每组学生知识点拓展学习,每组学员准备两名同学现场进行课堂分析,全班讨论。

(6)以市场调查的方式进行知识巩固,要求以组为单位,每个同学参与。

三、学习拓展

利用以上学习的知识,分析下面案例,找到高小叶是怎样把握机会创业成功的?

案例五

高小叶不甘平凡铸就创业梦想

(http://zgsc.china.com.cn 2015.03.20)

在第十三届昆明国际花卉展暨第五届昆明国际农业博览会上,师宗云雄乌鸡蛋被大会评为金奖,是三十个金奖产品之一。产品的生产者——师宗县雄壁蝇蛆生态养殖基地经理高小叶,曾是云南省水利水电工程有限公司三公司职工,2005年下岗后回到师宗县雄壁镇从事养殖业,凭着自强不息,吃苦耐劳的拼搏精神,顽强地闯出了一条人生新路。

高小叶告诉记者，2005 年在家相夫教子的那段时间里，无意中看到了央视七套《乡约》栏目“苍蝇姑娘”的致富事迹，也正是这次偶然的机会，让不甘于平庸的高小叶走上了自主创业的道路。

俗话说万事开头难，高小叶到河南学习苍蝇养殖技术，学成归来后，相关部门给予高小叶创业资金、建厂土地、员工培训等一系列相关帮助和扶持。通过多方的刻苦与努力，利用苍蝇养殖把第一批的绿壳蛋鸡养成功了。

高小叶并没有满足于“温饱”的现状，在精心打造好养殖基地的同时，2011—2013 年，高小叶创办了集养殖、加工、原料基地为一体的师宗云雄实业有限公司，经营农副产品加工，以养殖场来消化加工厂所带来的碎米、米糠等符产物，使养殖与加工配套，形成循环模式，降低养殖成本，从而形成独特的盈利模式。

“独乐乐，不如与众人乐乐”。在自己发展壮大的同时，为带动周边群众共同致富，2009 年高小叶办起了“师宗县蛋鸡养殖专业合作社”，发展了周边 500 多户农户参与到黑羽绿壳蛋鸡养殖中来，为合作社农户户均每年增加收入 2 066 元。

四、任务巩固

1. 经过学习，分析把握现代畜产品市场机会的方法与手段。

2. 通过实践，掌握把握畜产品市场机会的操作技能。

3. 组织一次社会调查，对当地畜产品市场机会作一个全面分析，并写出调查分析报告。

五、评价与反馈

教师、学生对本项目的学习过程进行总结，并认真填写本教材最后面的附录一评价与反馈。

项目二　掌握常用的畜产品营销技能

【学习目标】

完成本项目的学习任务后，你应该能

1.学会用新产品开拓市场；

2.掌握创立畜产品品牌的方法与手段并能在实践中运用；

3.在实践中合理运用畜产品的各种价格策略；

4.熟悉畜产品的营销渠道并能为相关畜产品找到最佳的销售渠道；

5.为相关畜产品找到最佳的促销手段；

6.为畜产品选择最合理包装与最安全经济的运输方式。

【项目描述】

畜产品的营销技能是本课程最重要的实践技能，在整个畜产品营销链条中处于最重要与最核心的地位。在市场经济大潮中，畜产品生产经营者只有掌握了各种实用的营销技能，才能在激烈的市场竞争中站稳脚跟。本项目要掌握的主要技能有：畜产品怎样用新产品开拓市场；怎样用好品牌巩固市场；制定合理的畜产品价格策略；建立畅通的畜产品营销渠道；合理运用畜产品的促销手段；合理包装与安全运输畜产品。

【思维导图】

任务6 用新产品开拓市场

一、学习准备

(一)知识准备

狭义的畜产品开发是指对原有畜产品的改良、换代以及创新，旨在满足市场需求变化，提高畜产品竞争力。主要有以下种类：一是创新畜产品，指新物种发现后成功市场化的畜产品；二是改良畜产品，对原有畜产品的改进和换代，通过育种等手段改变畜产品品质；三是仿制畜产品，引种、引进、利用他人创新或改良的畜产品。

1. 畜产品开发依据

(1)必须考虑目标顾客群及其购买行为特征。不同顾客群对畜产品有不同的要求，以鲜乳制品为例，城市消费者重视营养、方便、口味和新鲜，农村消费者则重视价格，而中间商则强调经营鲜乳制品的赢利率。

(2)必须能够满足消费者对产品功能的要求。如鲜乳制品有补充营养、增强体力、方便食用等功能，新产品开发时应充分考虑消费者所追求的产品主要功能是什么。

(3)必须考虑到目标市场环境因素。如必须符合政府颁布的产品质量标准、动植物检疫标准，不违背目标市场的社会文化传统和风俗习惯等。畜产品开发必须从产品的整体概念出发，搞好核心产品、有形产品和附加产品等层次的开发。

2. 畜产品开发途径

(1)良种开发。良种主要是指优良畜禽品种。良种开发就是培育优良的动物品种，是畜产品开发的基础途径，一般通过生物品种选育、遗传杂交和转基因工程等方式进行，如北京黑土猪的开发。

(2)养殖开发。相同的畜禽品种，其养殖方式不同，产品的品质特性也会不同。如绿色无公害畜产品的开发，更是主要通过养殖开发方式获得。

案例一

秦海燕和她的香猪肉

(http://www.aweb.com.cn 2012.09.13)

吃过涮羊肉、涮肥牛，但涮猪肉恐怕很少有人听说过。“我们生产的香猪肉能涮着吃。"返乡创业的北京甘源弘科技有限公司副总经理秦海燕自豪地对记者说。记者怀着浓厚的兴趣跟随秦海燕来到与他们公司合作的养殖场(图 2-9)。

图 2-9 生态猪场

秦海燕向记者介绍到:"这种猪由于在饲养过程中添加的都是植物提取的营养精华,植物香料。特别是从黄芪、党参、栀子、桑叶等 21 种中草药植物中萃取出植物多糖、类黄酮等主要成分的肉质风味改良饲料,不仅在猪肉中具有天然纯正的猪肉鲜香,而且含有丰富的谷氨酸和赖氨酸等 18 种氨基酸,使猪肉在烹饪后鲜香浓郁,不需再加任何人工味素,故称香猪肉。尽管价格比普通猪肉要高一些,但我们有信心经受市场的检验。"

"现在食品安全问题多发,你们如何来保证它的质量?"记者追问道。陪着记者采访的公司技术人员小王满是信心地回答:"我们在源头就开始严格控制猪肉质量,从小猪仔刚一出生,就给它打上耳标,建立一代防伪码,到了屠宰环节,屠宰车间要回收封存耳标并建立二代防伪码,无耳标的不允许出厂,是老百姓真正的放心肉。另外,使用我们这种科技含量高的饲料养出来的猪,肉质细嫩紧致,色泽鲜美,大理石花纹清晰,冻鲜肉切片后可以保证 3～4 小时内不氧化,肉质鲜美不变色,不油腻,口感滑嫩,鲜香纯正。其鲜肉经国家兴奋剂检测中心和国家肉类食品检测中心等权威机构检测结果显示,这种猪肉中饱和脂肪酸和胆固醇含量低,不含任何激素和抗生素等,解决了猪肉中有害物质的残留,显著改善了猪肉风味,是集天然、安全、健康、营养、美味于一体的香猪肉。"

(3)深精加工开发。随着人们生活水平的不断提高,生活中需要更精制、更方便、营养更全面、多种口味、多种风格的畜产品,这些必须通过对畜产品的深精加工才能达到。畜产品深精加工的方式很多,如各种风味畜产品制品开发等。

案例二

靠养殖兴盛起来的全牛宴

（www.cyone.com.cn）

河南自秦朝起就有养牛的历史，南阳农民历来有养牛习惯，南阳黄牛有中华五大黄牛之首的美誉。因生长在南阳八百里伏牛山脉及白河流域，长期食用天然牧草，饮用天然纯水，水净草丰，使得黄牛肥美肉嫩，遂成天然健康食品，是制作牛肉菜系的绝好原料（图 2-10）。

图 2-10　南阳黄牛

“汇古融今再现庖丁绝技，从头到尾精烹黄牛全席”这就是河南著名的黄牛宴。这里的黄牛宴能把一头牛加工成一桌色、香、味俱全的菜品。通过炒、煮、煨、炖、蒸、烧等程序将一头牛的不同部位烹制而成的各种黄牛佳肴，如，“鸿运牛头方”“一掌定乾坤”“香辣牛骨髓”“南阳牛肉王”“木桶牛凹腰”“热卤牛窝骨”“鲍汁蟹黄豆腐”“双黄三色蛋”等让人目不暇接。

当地的黄牛宴在继承传统制法、吃法的基础上，大胆创新、改良，将中医中药的养生保健理论与饮食进行完美结合。全牛宴所用的黄牛是河南本地的特产黄牛品种南阳牛。目前，南阳黄牛饲养量达 400 多万头，黄牛及其产品辐射上海、北京等全国十几个大中城市，并远销俄罗斯、韩国、日本、中东及中国香港等国家和地区。南阳黄牛产业正逐步形成，并正在成为南阳市发展农村经济的特色产业。

(4)外观、包装和品牌的开发。按照产品的整体概念,改变产品的外观、设计产品的新包装、创建一个新品牌都属于新产品的开发。如真空包装的北京烤鸭,远销全国各地等。特别是创立畜产品品牌,已成为畜产品营销的重要手段。许多畜产品因其品牌知名度高而畅销全国乃至世界。

案例三

四川丰草农牧集团加快打造"天府肉羊"品牌

(中国有机农业网 2015.11.12)

"天府肉羊"新品种培育是四川农业大学与盐亭汇源牧业公司共同承担的四川省畜禽育种科技攻关课题。2015 年 10 月 31 日,四川丰草农牧集团收购盐亭汇源牧业,前者具有雄厚经济实力和占地 50 多公顷的"黑天池高山生态有机山羊"育繁、推广基地。双方的合作将有助于"天府肉羊"品牌,在产业资本的推动下迅速驶入发展快车道。(图 2-11)

图 2-11 生态山羊养殖

丰草农牧集团将以第三代传承人的身份,勇担现代牧业之大任,完成从肉羊的育种、养殖、开发、销售、深加工等一体化的产业布局,打造上、中、下游全产业链精细农牧产业。上游,以"天府肉羊"为主体,布局育种板块;中游,极速打造黑天池有机肉羊育肥基地;下游,对农牧产品进行深加工:十八级精分割小包装入市、羊骨素开发、羊血在生物医药行业上的广泛应用、高端羊奶开发、羊胎素系列产品开发、羊皮胶原蛋白、软黄金山羊绒等，充分挖掘农牧产品的高附加值。在销售方面，采用时下最热的“C2B＋O2O”模式。将消费者引入生产中，共同创造价值，从定制、预售、线上线下相融合，线上归集行业精英，线下依据家乐福、沃尔玛等大型超市，体验、展示、自提，探索互联网＋农业模式。

(5)副产品开发。副产品开发是指将畜产品加工中产生的废物废料进行综合利用，开发成适销的畜产品。畜产品生产经营者要善于发现当地畜副产品的市场潜力与价值，找到一条既有利于生态环保，又能发家致富的创业途径。

案例四

腰里有了钱就能大发展——访虞城县黄冢乡猪毛加工专业村付大庄村

(http://www.shennong.com/ 2008.12.30)

朱广西是商丘市虞城县黄冢乡付大庄村人，1985年初中毕业后到洛阳打工，在那里学会了猪毛加工技术。1986年他回到了家乡，当起了猪毛加工专业户，带领全村乡亲搞猪毛加工致富。到1995年以后的四五年里，付大庄村的猪毛加工业达到了全盛期，全村1 140户有800多户人家生产，顺毛机发展到200多台，全套机械发展到100多台，家家户户，成了庭院工厂。每天，外地来这里打工的有1 000多人，整劳力一天能得二三十块钱的劳务费，老头老婆半劳力一天也能赚十五六块。每天，江苏的收购商在这里收购产品，家家户户排成了长队。一手交货，一手交钱，付大庄人狠狠地赚了一把。那时候，付大庄人神气得很。他们购买原料影响半个中国，山西、陕西、内蒙古、东北三省、安徽等，有人在那里代购好原料，他们就去哪拉。春节前后正是购买原料的旺季，他们一个个走南闯北，都没时间在家过年。产品加工好不用动，江苏省南京、扬州的客商找上门来购买。

可是近几年猪毛加工生产却退化了，全村由原来的800多加工户减到二三百户，产量由原来的一天五六千斤减到一两千斤。什么原因呢？朱广西解释说：“主要是饲料问题，现在很多猪喂的都是加工饲料，猪毛短了。原料不好买了，生意就难做了。”

朱广西进一步说：“我认为，猪毛加工业还有很大的潜力可挖。现在，咱们生产的是半成品，人家江苏的买过去，经过水煮加工成成品，就赚了大钱了。比如说，高尺寸的猪毛(黑色)，咱的半成品卖给他120元/千克，而他们出口到美国、俄罗斯、印度、阿富汗等国家，就是240元/千克。如果咱们搞水煮加工，利润就更可观啦。”

3. 畜产品开发策略(图 2-12)

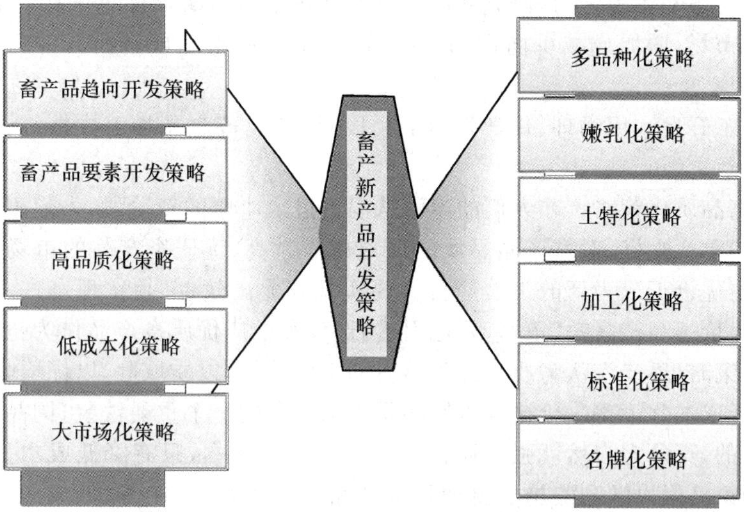

图 2-12 畜产品开发策略

(1)畜产品趋向开发策略。依据市场需求的发展趋向,制定畜产品的开发策略。当前畜产品需求的发展趋势主要有微型化、简易化、多功能化、多型化、健美化、标准化等。

(2)畜产品要素开发策略。依据畜产品的构成要素,制定畜产品的开发策略。

①新品种的开发。通过基因工程、胚胎移植等生物工程技术;利用遗传、变异等系统选育技术;采用物理、化学等畜产品加工技术,开发新的畜产品。

②新品质的开发。通过生物工程技术和系统选育技术等,开发新品质的畜产品,如含碘鸡蛋等。

③新特色的开发。通过生物工程技术、系统选育技术和加工技术等,开发出特色味道,以及各种形状的新特色畜产品。

④新包装的开发。根据消费者对包装的各种偏爱,设计、制作畜产品新包装。

⑤新品牌、新商标的开发。对没有品牌、商标的畜产品要创造开发品牌和注册商标;对已有品牌、商标的畜产品要根据市场竞争需要,重新创造与设计畜产品的新品牌、新商标。

⑥新服务的开发。随着各种新品种、新品质、新特色等畜产品的开发,必将出现许多新的服务项目。策划、设计、开发新的服务项目,满足市场消费需求,并创造增值的经营机会。

⑦生命周期的开发。根据市场供求变化和竞争需要,分析自身畜产品在现有市场的占有率和竞争能力,研究并制定畜产品各生命周期阶段的开发策略,提前进入或退出市场;增加或减少向市场的投放;保留现有市场或转向开辟新的外埠市场等。

⑧加工开发。用物理、化学等加工手段,将初级畜产品加工成精细、高质量的畜产品。

(3)高品质化策略。在人们的生活从温饱进入小康的新阶段,人们不再满足于吃饱,开始重视吃好,对畜产品品质的要求越来越高,优质畜产品的市场前景十分广阔,优质优价正成为新的消费趋势。要实现农业高效,必须实现畜产品优质,实行"优质优价—高产高效"策略,要把引进、选育和推广优质畜产品作为抢占市场的一项重要策略,逐步淘汰劣质品种和落后的生产技术,以质取胜,以优增收。

(4)低成本化策略。价格竞争始终是市场竞争的一个重要法宝,同品质的畜产品价格低的,竞争力自然就强。而价格的基础又是成本,只有降低成本,才能使价格竞争的策略得以顺利实施。要增强畜产品市场竞争力,实行"低成本—低价格"是重要策略,要依靠新技术、新品种、新工艺、新机械,减少畜产品的生产费用投入,提高畜产品的产出率,或实行畜产品的规模化、集约化经营,努力降低畜产品的生产成本,以低成本支持低价格竞争策略,追求最佳的经济效益。

(5)大市场化策略。畜产品销售要立足本地,着眼国内外大市场,寻求销售空间。要开辟空白市场,抢占大额市场,关注身边市场,实行"大市场—细分化"策略,定准畜产品的销售地域,按照当地居民的消费习性,生产适销对路的产品。

(6)多品种化策略。畜产品消费需求的多样化决定了生产品种的多样化,一个产品不仅要有多种品种,而且要有多种规格。要根据市场的需求,引进、开发和推广一批名、特、优、新、稀品种,以新品种,引导新需求,开拓新市场。实行"多品种、多规格—小批量、大规模"策略,满足多层次的消费需求,开发全方位的市场,分解市场风险,提高综合效益。

(7)嫩乳化策略。细心的人会发现人们的消费习惯正在悄悄发生变化,出现了崇尚嫩鲜的新潮,如乳猪、乳鸽、仔鸡等嫩乳化产品。畜产品生产经营者必须适应这一新的变化趋势,根据当地市场需求,实施"嫩乳化—高效化"策略。

案例五

护士辞职养乳鸽　年产值 900 万元

(全球品牌畜牧网　2015.04.20)

李艳玲原来是四会市人民医院的一名护士,1996 年,比较好动、爱折腾的她,从医院辞职，曾经营过小卖部，最终入了养鸽行业。她和丈夫携手，一路开创新征途，她几次亏损，最终依靠顽强的意志和勇气，坚持了下来，将养鸽场办成了当地最大的养鸽企业，如今年产值900万元。

李艳玲的旺峰鸽场从最开始660米^2 1 000对乳鸽做起，随着利润的增长，后来又扩大规模养殖了5 000对乳鸽，再后来承包了1公顷地成立养鸽合作社。

目前旺峰鸽场年产70万只鸽，年产值900万元，年利润120万元，是当地最大的鸽子养殖户。李艳玲说，当地乳鸽养殖场数她的最大最具有实力，周边的一些小养殖场和农民养殖个体户都是小打小闹，没有形成规模，她有意进行整合。“有些小养殖农户缺少资金，没办法发展起来，我就设想，大家一起合资承包一大块土地，然后合力办一个大型养殖场，形成集团化，这样养殖鸽子的产业会发展得更好。”李艳玲说，她一直有这个想法，但是还没有实施。她意识到，农村里的企业也可以像大城市里那些市场巨头一样，通过收购兼并小型企业来壮大自己，最终通过整合资源形成集团化养殖。

知识框

乳鸽是指出壳到离巢出售或留种前1月龄内的雏鸽。鸽子是晚成鸟，刚出壳的雏鸽，眼睛不能睁开，不能行走和自由采食，全靠亲鸽哺育才能成活；体温调节能力和抗病能力都很差，因而是鸽子一生中最危险的时期。同时乳鸽的肉厚而嫩，滋养作用较强，鸽肉滋味鲜美，肉质细嫩，富含粗蛋白质和少量无机盐等营养成分，是不可多得的食品佳肴。

(8)土特化策略。为增加畜产品市场的有效供给，我国从国外引进了不少新品种，这些新品种大部分产量很高，但与国内的一些土特产品相比，品质低、口味差，已经不适应新需求，最典型的莫过于洋种鸡、洋种蛋的失宠和掉价。应当看到，人们的消费需求开始从盲目崇洋转向崇尚自然野味、热衷土特产品，这就要求畜产品生产经营者搞好地方传统土特产品的挖掘和提升工作，适时发展一批品质优良、风味独特的土特产品，合理合法利用野生动物资源，以特色产品抢占市场，以野生产品开拓市场，不断适应新的市场需求。

案例六

良食有机土猪，有机喂养，真土真香

（中国有机农业网　2015.10.30）

良食有机土猪是从国内数十个土猪品种中，甄选出的肉质鲜美、肥瘦均匀的国

家一级保护猪种——蓝塘黑猪，散养在位于河源的“良食-深莲生态养殖基地”。依山傍水的原生态环境，全程有机的养殖方式，使得“良食有机黑猪”成为深圳本地企业中唯一获得有机生产认证的猪肉产品(图 2-13)。

图 2-13 有机土猪放养

良食有机土猪严格遵循国家有机饲养标准，以自种黄竹草为主食，辅以新鲜菜叶、非转基因玉米、米糠、番薯及发酵酒糟等土饲料喂养，杜绝瘦肉精、激素及其他一切化学添加物质，肉质不腥不臊，肉香浓郁，甘美鲜甜。

良食有机土猪完全遵循自然生长规律，养足一年才出栏，出栏时毛重控制在75 千克。相比市面上 5 个月就出栏的普通猪肉，良食有机黑猪肥瘦更均匀，肉质紧致、纹理清晰且富有弹性。

良食有机黑猪经权威第三方宰杀检疫合格后，通过 0～4℃冷鲜排酸，再由金牌分割师精细分割成 500 克左右，后经专业保鲜膜包装封口后进入冷鲜库保存，再由专业物流直接配送到家。相比传统裸肉摊售方式，全程冷链配送模式既能远离细菌温床，同时又保留了冷冻肉所不具备的新鲜口感，实现了健康、营养与美味的平衡。

良食有机黑猪经国家权威部门检测，不仅不含任何的铅、汞、铬、镉、无机砷、瘦肉精等化学物质，更富含高于普通猪肉 119%的 19 种氨基酸，同时胆固醇含量低于普通猪肉近 2 倍。

(9)加工化策略。发展畜产品加工，推进农业产业化经营，既是满足高层次市场需求的需要，也是提高畜产品附加值的需要，发展以畜产品加工为主的畜产食品工业，是世界农业发展的新方向和新潮流。据有关专家分析测算，发达国家畜产品的加工品占其总生产量的90%，加工转化后产值增加2～3倍，而我国分别只占25%左右和只增加30%左右。如收获1元的畜产品，通过储藏、保鲜、加工等环节处理，美国可增值3.72元，日本增值2.25元，而我国仅增值0.38元。加工潜力巨大，应当瞄准国外和国内大中城市，大力发展畜产品的初加工、精加工和深加工，搞好畜产品的系列化加工开发，增强畜产品市场竞争力，提高畜产品的附加值。

(10)标准化策略。建立农业标准化体系，实行畜产品的标准化生产经营。要紧紧围绕农业结构调整，重点制定完善一批适应市场需求的畜产品的产前、产中、产后标准，形成畜产品的标准化体系，以标准化的畜产品，争创名牌，抢占市场制高点。

(11)名牌化策略。畜产品买方市场的形成，消费者挑选的余地加大，市场竞争越来越集中于品牌竞争。名牌成为开启市场的一把金钥匙，可以讲没有名牌就没有市场份额，谁拥有名牌产品谁就能掌握市场的主动权。畜产品要搞好创牌工作，实施名牌化策略。一是要提高畜产品质量，提升畜产品的档次，以质量创造品牌；二是要搞好畜产品的包装，美化畜产品的外表，以形象来包装品牌；三是通过畜产品的商标注册，叫响畜产品的牌子，以名牌商标来推广品牌；四是要加大畜产品的宣传，树立畜产品的公众形象，以优秀形象来保护品牌。

案例七

草原上的品牌致富经

(http://gb.cri.cn/)

内蒙古的牛羊肉全国闻名，但以往牧民们粗放式的养殖带来的收入增长却很有限。

呼斯乐图是草原上的80后，也是内蒙古达茂旗都仁养殖专业合作社的社长。从最初成立合作社搞养殖到一步步摸索着做销售，这位1984年出生的小伙子凭着自己的经验和对市场的嗅觉，找到了这片草原上新的致富经。一开始主要是粗加工为主，但是到了外地没有市场，外地市场都是细加工，需求量少且质量要好，后来慢慢完善到自己有个加工车间。

如今，呼斯乐图的合作社不仅推出了自己的“茂明安”品牌，还获得了周边牧民

图 2-14 黑头羊

的认可，牧民们也尝到了品牌化经营的甜头。呼斯乐图说："达茂旗这块的羊肉肉质好，现在我们改良的品种是杜泊羊，就是黑头羊(图 2-14)，出肉率高肥肉少，成立时有 5 户，到现在我们合作社已经带动了 150 多户。合作这块主要是价位比市场上高 5 块钱收购他们的羊，另外防疫、饲养上给他们做技术辅导，到现在我们已经出栏了 7 000 多只羊。"

在内蒙古，通过牧民、企业和政府的共同努力，在养殖、加工、包装等环节实现了标准化，一批牛羊肉品牌正在走向全国市场。牧民们也正在转变思路，在龙头企业和专业合作社的带领下，探索着草原牛羊肉的品牌化之路。

(二)资料准备

1. 利用互联网、图书馆或资料室以及报纸杂志，查找有关新产品开拓市场的信息资料；

2. 查找并收集本地新产品开拓市场的相关案例资料，分析其成功或失败的原因，并写出分析报告。

二、任务设计与实施

【任务设计】

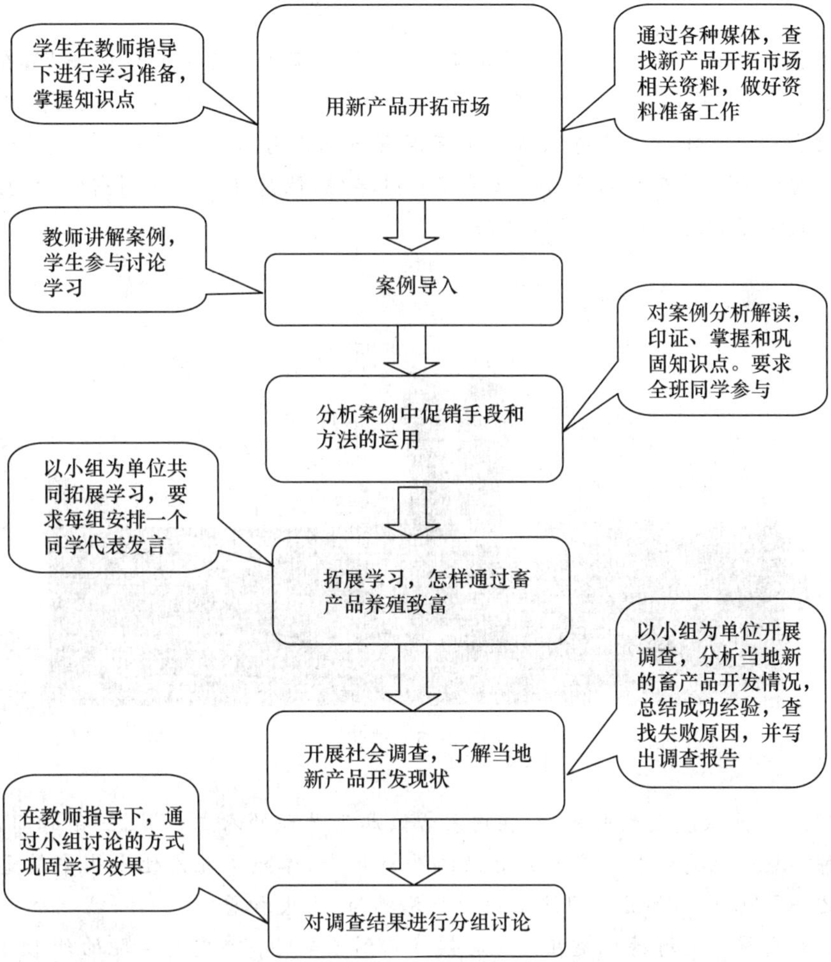

【任务实施】

(一)导入案例

案例八

靠羊驼养殖赢得财富

(中央七套致富经栏目 2015.11.04)

羊驼属偶蹄目骆驼科,原产于南美洲,主要分布在秘鲁和智利的高原,在澳大利亚也有分布(图 2-15)。2013 年 3 月,迟海涛离开打拼了十多年的上海,回到老家内蒙古养殖羊驼。迟海涛原本在上海经营一家医疗器械贸易公司,他的这个选择曾经遭到身边所有人的反对。但为了养殖羊驼,他只身一人回到内蒙古,把家和公司交给妻子打理,跟家人两地分居。

图 2-15 羊驼

2013 年他从澳大利亚引种,在内蒙古做起了羊驼的人工养殖,三年时间,他的羊驼种群数已经达到 200 多只。迟海涛告诉记者,养殖羊驼是他人生中最重要的选择之一。2009 年羊驼在网络上被网民恶搞为“十大神兽”之一,一夜之间就成为网络上的明星。迟海涛也是在这个时候注意到了羊驼。在觉得羊驼的外形可爱之余,他又在网上了解了羊驼的经济价值,这让他非常惊讶。

羊驼是毛肉兼用型的草食动物,其中羊驼毛的经济价值最高,羊驼从一岁开始就可以剪毛,每年 5 月剪一次,一次平均可产毛 3～5 千克。羊驼第一年的羔子毛最好,国际市场上的价格在每千克 300～500 美元。

除了经济价值,羊驼还有一个特点,让迟海涛动了回老家草原养殖羊驼的念头，就是这个动物有只吃草尖、不吃草根的特性。它吃草不破坏草原，它的嘴跟羊的嘴不一样，只有下牙，没有上牙。它只能拽着草的草尖吃，吃不到下面。另一个特性是它的脚掌是肉垫的，走在草原上不会踩草。

迟海涛经过三年多的考察，看好羊驼的经济价值和生态价值。当时在我国的山西、新疆、山东均有少量羊驼养殖。2013 年 3 月，迟海涛花 300 多万元从澳大利亚引进了 72 只澳洲羊驼，流转牧场 350 公顷，建基地搭棚舍，自信满满地开始了再次创业。当地政府经过对迟海涛的观察，和对羊驼产业的了解，决定从 2015 年年底，和迟海涛一起在牧民中推广羊驼养殖技术，发展牧民合作养殖。

迟海涛还委托当地毛纺厂加工羊驼毛被子。虽然还没有设计好产品的外包装，但被子已经在他的朋友圈中抢购一空。迟海涛告诉记者，当他的羊驼种群数达到 1 000 只的时候，他就把自己的羊驼毛产品真正推向市场。

(二)案例分析

解读案例，分析迟海涛是怎样用新产品开拓市场的？

(1)用新品种开辟市场。羊驼属偶蹄目骆驼科，原产于南美洲，主要分布在秘鲁和智利的高原，在澳大利亚也有分布。其经济价值非常高，其中羊驼毛的经济价值最高，国际市场上的价格在每千克 300～500 美元，远远高于传统的内蒙古羊毛价格。虽然羊驼价值如此之高，但国内只有山西、新疆、山东等地有少量养殖，市场空间巨大。迟海涛经过市场调查分析，看到了这一独特新品种的全新市场空间，2013 年 3 月，他花 300 多万元从澳大利亚引进了 72 只澳洲羊驼，流转牧场 350 公顷，建基地搭棚舍，自信满满地开始了羊驼养殖。正是新品种的选择，让迟海涛抢得了市场先机。

(2)用新理念保护环境。如果在草原上过度放牧，就会严重破坏草场植被，造成土地沙化，草场就很难恢复原样。现实的状况是由于长期过度放牧，我国北方五大牧区草场退化严重，生态平衡已经被打破。这给我国的畜牧业生产与社会生态环境造成了巨大损失。沙尘暴天气频繁光顾我国北方地区，其主要原因之一就是草场沙漠化。迟海涛选择新品种时充分体现了环保的新理念，他经过考察，发现了羊驼的生态价值。因为这个动物有只吃草尖，不吃草根，吃草不破坏草原是它的特性。它的嘴跟羊的嘴不一样，只有下牙，没有上牙。它只能拽着草的草尖吃，吃不到下面。另一个特性是它的脚掌是肉垫的，走在草原上不会踩草。正是这一环保理念，引起当地政府的高度关注与支持，由政府出面，在牧民中推广羊驼养殖技术，发展牧民合作养殖，为新品种的规模化养殖打下良好的基础。

(3)用加工实现产品增值。随着我国经济不断发展，消费者的需求层次不断提高。以前的羊驼毛主要是简单的初级产品出口，满足国外的生产需求，产品利润空间很小。迟海涛看到国内高端市场新形势，决定自己加工生产羊驼毛被子，以产品加工创造新市场。他委托当地毛纺厂加工羊驼毛被子。虽然还没有设计好产品的外包装，但被子已经在他的朋友圈中抢购一空，说明产品市场空间巨大。

（三）任务实施的组织

（1）通过对案例的阅读、讲解、分析，让学生掌握怎样合理开发与选用新品种来开拓市场。

（2）通过对上述多个案例的比较分析，充分了解新产品开拓市场的途径和方法。

（3）安排分组，调查当地的畜产品生产经营者如何用新产品开拓市场，每组写一个调查报告。

（4）每组选一个代表，把调查报告在全班进行演示与讲解，其他成员补充，全班讨论。

（5）安排好每组学生知识点拓展学习，每组学生准备两名同学现场进行课堂分析，全班讨论。

（6）以市场调查的方式进行知识巩固，要求以组为单位，每个同学参与。

三、学习拓展

利用以上学习的知识，分析下面案例，找到陈俊宏的致富经验在哪里。

案例九

野山鸡养殖成就致富梦想

（http://www.nongcun5.com/news 2015.05.28）

陈俊宏现年30岁，初中毕业后先后在广东、温州打工，10年艰苦的打工生活使他认识到，打工不是长久之计，要想真正发家致富，必须进行自主创业。在农村干什么能挣钱呢？头脑灵活的陈俊宏想到家乡后山有闲置的荒地，于是去广西、贵阳等地考察学习山鸡养殖技术。

2013年6月，陈俊宏带着多年的打工积蓄与同村伙伴邓文鑫投资10万元在蒋家坝村流转4公顷山地，建起了野山鸡养殖场。鸡场建好后，陈俊宏从广东江门购进1 200只山鸡种苗进行饲养，由于保温措施不到位，导致野山鸡生病死亡不少。经过这次失败，陈俊宏认识到野山鸡养殖能否成功，关键在技术，于是，他一有空就钻进村里的农家书屋学习山鸡养殖技术。

通过一年多时间的摸索学习，陈俊宏掌握了过硬的野山鸡养殖技术，他也附带养起了土鸡，养殖规模也从原来的1 000多只达到现在的存栏4 000多只，成为了全镇有名的野山鸡养殖大户。今年，陈俊宏又投入3万元建起了育苗房，现已育出山鸡苗4 000多只，销售到万山、玉屏及周边乡镇。

目前，陈俊宏的川宏山鸡养殖场存栏山鸡种鸡350只，土鸡2 000只，小鸡1 500只，山鸡每千克可卖到80元，年收入30多万元。陈俊宏还打算进一步扩大养殖规模，注册一个山鸡养殖合作社，带动当地老百姓共同富起来。

四、任务巩固

1. 经过学习，掌握畜产品开发的途径有哪些。

2. 通过实践，能熟练运用各种畜产品开发策略。

3. 组织一次社会调查，对当地畜产品开发作一个全面了解，并写出调查分析报告。

任务7 用好品牌巩固市场

一、学习准备

(一)知识准备

1. 创立畜产品品牌

(1)创立畜产品品牌要素。

一是品牌名称。理想的品牌名称应该做到记忆方便，对产品类别及特质、优点等具有准确的定位性说明；有趣味，富有创造力，易于向更广泛的产品种类和地域背景转换；含义持久，在法律和竞争上都能获得强有力的保护。

案例一

武城品牌畜牧业助农致富增收

（农民日报 2015.10.10）

“东顺斋辣椒蛋”“六和鸭”“富民奶牛”等一批乡土特色品牌农产品受到消费者青睐。近年来，山东省武城县紧紧围绕促进农业稳定发展、农民持续增收的目标，把发展品牌畜牧业作为农民增收的突破口，以产业化为总抓手，大力推进标准化示范场区建设，积极培植专业养殖合作社，努力延伸畜禽产品加工产业链条，构筑起以工厂化、特色化、生态化为主线的“产业模式”。在当地农信社的持续帮扶下，该县确立了小尾寒羊、东顺斋辣椒蛋、六和鸭、富民奶牛等主导产业，已经建成专业养殖村 20 余个，养殖大户 1 200 余户。目前该县畜牧业已经走向产业化、规模化、品牌化的发展路子。

二是标识与图标。品牌标识和图标属于品牌视觉要素，选择一个恰当的品牌标识、符号或者字符对于品牌的推广与传播具有重大作用。标识有几种形式，一种是文字标识，即采用独特的文字形式书写的标识；还有一种是抽象的标识，这种标识可能与公司的名称或公司所从事的活动毫无联系，通常被称为图标，以便以某种方式强调和修饰品牌含义。

三是形象代表。品牌形象代表一般隐含着两个方面的内容：一方面是品牌形象的有形内容，代表着“品牌的功能性”利益，即与品牌产品或服务相联系的特征；另一方面是品牌形象的无形内容，主要指品牌的独特魅力，是营销者赋予品牌的，并为消费者所感知和接受的个性特征。

四是广告语。广告语是用来传递有关品牌的描述性或说服性信息的短语。广告语一般出现在广告中，但在产品包装和营销方案的其他方面也发挥着重要的作用。广告语是品牌宣传的有力方式，因为它能帮助消费者抓住品牌的含义，了解该品牌是什么，有哪些特别之处，迅速有效地建立品牌资产。

五是包装。包装涉及产品容器或包裹物的外观设计。从公司和消费者两个角度看，包装必须达到以下几个最基本的目标：首先应标明品牌名称，其次应传递描述性和说服性信息，接着应考虑便于产品的运输、保护和储存，最后要有助于产品的消费。

(2)畜产品品牌创立的步骤(图 2-16)。

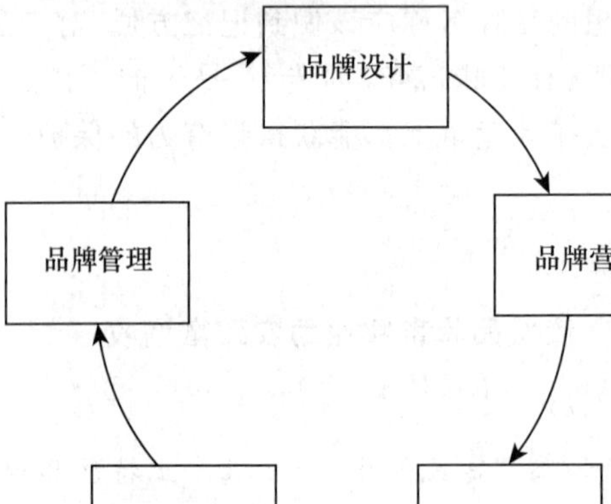

图 2-16　畜产品品牌创立的步骤

一是品牌设计。设计的重点在于让顾客清楚地看到价值和利益点所在;包括品牌标志设计、品牌广告语设计、渠道形象设计等。

二是品牌营销。就是让顾客知道并且能够购买到品牌的产品或服务。让顾客感觉到他需要这样的产品或服务;他想购买的时候,知道在哪里买,而且能够买得到。

三是品牌初创。就是品牌的产品或服务让顾客进行了第一次的尝试。顾客进行了第一次消费尝试,与品牌建立了关系。

四是品牌形成。是指顾客购买和使用了产品后,出现了重复购买的行为或者向其他人推荐,就是品牌真正形成了。这个时候,做大规模的广告,就会有更大的效用。

五是品牌管理。是要根据顾客对品牌的印象,及时对品牌进行相应的调整和管理,比如进行品牌公关,提高品牌知名度和美誉度,或者调整品牌的定位、品牌的设计等,保持品牌可以持续地被顾客选择。

2.畜产品品牌推广

品牌推广是企业塑造自身及产品品牌形象,使广大消费者广泛认同的系列活动和过程。品牌推广有两个重要任务:一是树立良好的企业和产品形象,提高品牌知名度、美誉度和特色度;二是最终要将有相应品牌名称的产品销售出去。

推广畜产品品牌方法有以下几种(图 2-17):

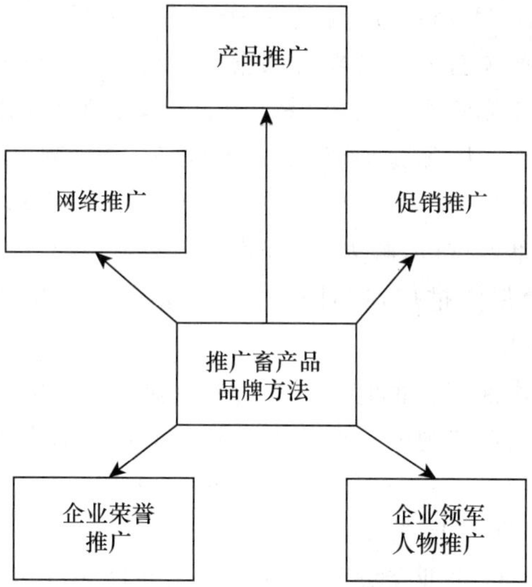

图 2-17　推广畜产品品牌方法

(1)产品推广。产品推广其实就是新产品推广,新品上市时是企业推广品牌的大好时机,新产品结合企业品牌一起推广,在提升品牌知名度的同时拉动产品销售,一举两得。有一点,企业往往在推广之时重广告轻公关,这是造成有销售没品牌的一个原因。品牌更多的时候需要的是公关传播,而销售更需要精准广告来拉动。

案例二

畜产品加工铺就致富路

(http://www.abadaily.com/)

红原县唐日牦牛养殖专业合作社成立于2010年9月,121户牧民加入合作社。目前,该合作社建立了改良牛养殖基地,优质改良牛150余头,基地占有草场134公顷,建设乳制品加工车间200米^2,装配奶制品生产线1条,冻库一个,管理用房150米^2,产品展示厅一个以及附属设施,合作社主要从事奶制品生产加工,成功注册了"瓦切酸奶"品牌。

该合作社生产的酸奶,以优质牦牛鲜奶为原料,结合藏族传统制作工艺,生产出了安全、卫生、纯正的奶制品,在当地牧家乐、餐厅以及游客中热销,"瓦切酸奶"深入人心,深受消费者欢迎。合作社一位负责人向笔者介绍道,该乳制品加工基地每千克鲜奶收购价为7元,加工成酸奶后,每千克鲜奶售价在64元左右,产品的附加值大大增加,目前加工基地日处理鲜奶量为300～400千克,鲜奶除了来自于合作社养殖的牦牛外,还能涵盖周边50多家牧户,社员的收入得到了大幅提升。

(2)促销推广。五一国际劳动节、十一国庆节、中秋节、元旦、情人节、七夕节、圣诞节、企业周年庆、双11、双12等,都是企业推出促销活动的好时机。促销活动直接针对销售,但是不做推广,鲜为人知,效果肯定不理想。在这个时候,企业一般会投入大笔的预算做促销推广,这种推广是非常有价值的,拉升销售业绩是一方面,也带动了品牌。

(3)企业领军人物推广。企业领军人物的企业家形象塑造,这是一个企业品牌的重要方面,也是被企业忽视的一个方面。领军人物是活生生的人,相对企业品牌来讲,更容易被人们接受。企业领军人物的观点、事迹、创业史都是很好的素材,对于企业品牌形象的提升不无裨益。

(4)企业荣誉推广。企业荣誉是传统行业的我国名牌、我国驰名商标、国家免检产品等。

(5)网络推广。(本教材模块三项目一有详细描述)

知识框

注册畜产品商标方法

我国商标法规定：经商标局核准注册的商标为注册商标，商标注册人享有商标专用权，受法律保护。所以未注册商标随时可能因他人相同或近似商标的核准注册而被禁止使用。所以，企业经营者若想稳定地、有保障地使用某个商标最好将其注册。

(一)提交商标注册申请书

必须向国家商标局提交商标注册申请书，该申请书中必须有一份申请注册的标志的清晰图样，包括任何颜色、形状或立体特征。该申请书中还必须列出使用该标志的商品或服务的清单。该标志必须符合若干条件，才能作为商标或其他类型的标记受到保护。该标志须有显著性特征，使消费者能将其作为识别某具体产品的标志加以区别，并与识别其他产品的其他商标区分开来。该标志不得误导或欺骗消费者，也不得违反公共秩序或公共道德。所申请的商标权不得与已经授予另一商标注册人的商标权相同或相似。这一点可以通过国家局的检索和审查，或通过提出相似或相同权利主张的第三方所提出的异议，予以确定。

(二)商标注册需要资料

目前除了商标局之外，也可以由个体商标代理部门注册。个体商标注册所，可以查询是否在我国商标总局备案。

自然人(公民)申请商标注册凭本人身份证，法人或其他组织申请商标注册凭(营业执照)或其他有效凭证。目前自然人申请注册商标，需要递交个体工商户营业执照。

(三)商标注册申请程序

(1)确定商标名称。通过全国商标计算机检索系统和商标局正在审查的商标申请档案，查询您的商标名称在同类商品或服务上是否与已经注册或与申请在先、正在审查的商标相冲突，无冲突的才可申报。

(2)确定商标图形。经查询可以申报的商标应进行商标图形设计。申请人可在代理人指导下自行设计，亦可委托公司专业人员设计。商标图形不指定颜色的需黑白图稿16张，指定颜色的商标需要彩色喷墨稿16张，黑白稿2张，规格6～8厘米。

(3)办理申请手续。有了商标图形、名称，申请人即可携带营业执照副本和企业公章(自然人申请的带身份证和私章)到商标代理公司办理申请盖章手续。

(4)交纳费用。商标的查询、设计、代理、注册需按国家规定标准缴纳费用。

(二)资料准备

1.利用互联网、图书馆或资料室以及报纸杂志,查找有关用好品牌巩固市场的信息资料;

2.查找本地畜产品品牌的相关案例资料,分析其成功或失败的原因。

二、任务设计与实施

【任务设计】

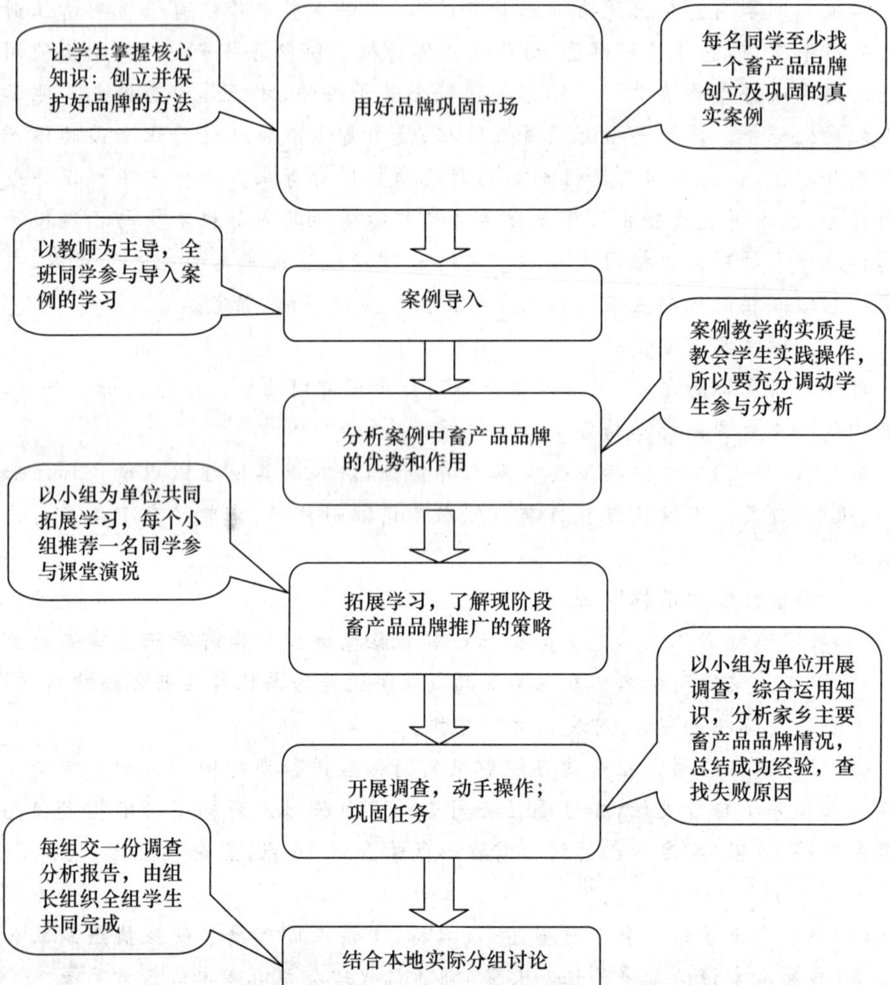

【任务实施】

(一)导入案例

案例三

绿色生态品牌畜产品走俏

据山东省畜牧局人士介绍,山东肉蛋奶年总产接近 1 500 万吨,约占全国的10%,经过多年的发展,山东畜牧形成了农业龙头企业多、品牌化畜产品产业链条长、供应稳定的健康发展格局。这几年,济南出现了不少诸如“里岔黑猪”、“徒河黑猪”的高档畜产品专卖店,春节临近,他们的生意更火了。

在济南市玉函路一家里岔黑猪专营店,经理介绍:“咱这黑猪肉有以前的‘老味道’,有自己的稳定客户群。春节临近,咱也设计了健康黑猪肉大礼包,投放了广告,还发展了团购渠道,自然卖得更好了。”

胶州市里岔黑猪繁育基地经理赵波介绍:“这几年,优质、绿色、安全的猪肉产品越来越受到消费者欢迎,这给里岔黑猪带来了广阔的发展空间。我们一律采取专卖店、直销店和超市专柜方式进行销售,走高端品牌路线,售价 80 元/千克,仍然供不应求。”

(二)案例分析

1.针对以上案例,分析一个好的品牌可以为企业带来的好处

一是影响消费者对企业的市场期待。好的品牌可以通过对情感精神的诠释影响消费者。“咱这黑猪肉有以前的‘老味道’,有自己的稳定客户群。”二是品牌效应会使产品间的价格差距拉大。案例中猪肉售价 80 元/千克,仍然供不应求。三是成功的品牌推广可以为企业带来巨大的市场空间,也必将给企业带来丰厚的利润。

2.如何发挥畜产品品牌优势

一是加强对品牌畜牧业发展的支持。当前,畜产品品牌对地方经济的带动作用不明显的原因,主要是由于缺乏合理的规划和指导。要不断规范和完善相关法律和政策制度,为畜产品品牌建设创造良好的发展环境。

二是发挥科技创新在畜产品品牌建设中的作用。创新可以使品牌畜产品保持住质量和市场上的优势,增强竞争力。特别是在品种繁育、科学饲养、畜产品加工、包装等方面的科技支持尤为重要。

三是加强对畜牧业标准化和产业化经营的指导。要坚持以市场为导向,紧紧抓住畜产品的标准化体系建设、规范化生产各环节的指导和管理工作,逐步建立和

完善畜牧业标准化体系，提高建设水平。倡导畜禽标准化饲养和健康养殖。保障畜产品有效供给和质量安全。

四是提升品牌畜牧业经营主体对品牌的认识。各级畜牧兽医部门和科技人员采取措施，深入到农牧区、农牧户、畜牧业企业和畜牧业专业合作经营组织中间，把品牌意识灌输给经营主体。为他们提供政策、科技、信息等方面的帮助，解决生产、加工和销售等方面的难题。

五是要发挥龙头企业和畜牧业专业合作组织的带动作用，延伸、加长畜产品品牌的产业链条。

(三)任务实施的组织

(1)通过对案例的阅读、讲解、分析，让学生掌握用好畜产品品牌巩固市场的方法与技巧。

(2)通过对上述多个案例的比较分析，充分了解各种推广方法之间的联系与区别。

(3)安排分组调查，当地的畜产品品牌有哪些，如何进行维护和推广的？每组写一个调查报告。

(4)每组选一个代表，把调查报告在全班进行演示与讲解，其他成员补充，全班讨论。

(5)安排好每组学生知识点拓展学习，每组学员准备两名同学现场进行课堂分析，全班讨论。

(6)以市场调查的方式进行知识巩固，要求以组为单位，每个同学参与。

三、学习拓展

利用以上学习的知识，分析下面案例，认识品牌创建的重要性。并掌握如何做好品牌维护？

案例四

畜产品品牌时代正在来临

(中国畜牧兽医报 2013.01.11)

品牌营销历来都是众商家的吸金利器，如今，这一利器在传统畜牧业中也悄然走俏。近日，记者走进北京各大超市或社区便民菜站，发现往日里一个个“无名无姓”的肉食品摊位不知从何时开始，华丽地打出了自己的名号，吸引着消费者的眼球。

在北京市海淀区八里庄便民菜站，记者看到，面积并不大的菜站里共有14个肉食品摊位，其中鹏程食品代理有4家，华都、双大代理各两家，其他还有千喜鹤猪肉、大红门第五肉联厂排酸肉、内蒙古特产锡勒牛羊肉等。数目虽不多，但每家每户招牌上的名字绝对闪耀夺目。仅1家牛羊肉摊位不是品牌产品代理商，但依然取了一个非常亲民的招牌——“肉牛好三”。此景不禁让人感慨，畜产品的品牌时代已来临。

仔细询问可发现，品牌肉的价格一般都要比普通肉每千克大约高出4元。但奇怪的是，消费者依然络绎不绝，有的摊位前甚至排起长队。这是为什么呢？原来，每个摊位的招牌上除了名称，还有品牌理念，如鹏程的“绿色健康放心肉”，千喜鹤的“好猪肉从养猪开始”。可见，畜牧业品牌强势登陆的背后，食品安全才是关键。

随着人们物质生活水平的节节攀升，消费者的品牌化消费意识也逐渐提高，吃穿用度，样样都往品牌上靠。而且，随着生活日渐宽裕，广大消费者对吃的要求也不单单限于吃饱了，吃得健康、吃得安全成为大家对食品的基本要求。食品安全是广大消费者普遍关注的焦点。在消费者心中，品牌畜产品在饲喂、检疫、屠宰等方面的把控相对严格，要比一般的畜产品有保障。因此，消费者宁愿多花钱，也要买个放心、吃个安全。

这就给畜牧业的众商家提了个醒，品牌建设刻不容缓。纵观近年来整个畜牧产业，原材料价格的上涨、市场竞争的加剧及行业的不断规范，使得行业发展遇到了前所未有的压力。在这种压力下成长的企业，要想突破瓶颈实现飞跃，急需品牌指引其发展方向，也就是“品牌先行”。

需要注意的是，众商家塑造自身品牌知名度的同时，也别忘了赋予品牌美誉度，要流芳万世，切莫臭名昭著。因此，各畜产品企业一定要严把质量关，不要辜负广大消费者的信赖与支持。

四、任务巩固

1. 经过学习，掌握现代畜产品品牌要素和畜产品推广的手段与方法。

2. 通过实践，能熟练运用各种品牌推广技巧。

3. 组织一次社会调查，对当地畜产品品牌创建及推广作一个全面认识，并写出调查分析报告。

任务8 制定合理的畜产品价格策略

一、学习准备

(一)知识准备

1. 畜产品定价方法

(1)成本导向定价法。成本导向定价法是一种卖方定价导向。它忽视了市场需求、竞争和价格水平的变化,有时候与定价目标相脱节。此外,运用这一方法制定的价格均是建立在对销量主观预测的基础上,从而降低了价格制定的科学性。因此,在采用成本导向定价法时,还需要充分考虑需求和竞争状况,来确定最终的市场价格水平。以产品单位成本为基本依据,再加上预期利润来确定价格的成本导向定价法,是中外企业最常用、最基本的定价方法。成本导向定价法又衍生出了总成本加成定价法、目标收益定价法、边际成本定价法、盈亏平衡定价法等几种具体的定价方法(图2-18)。

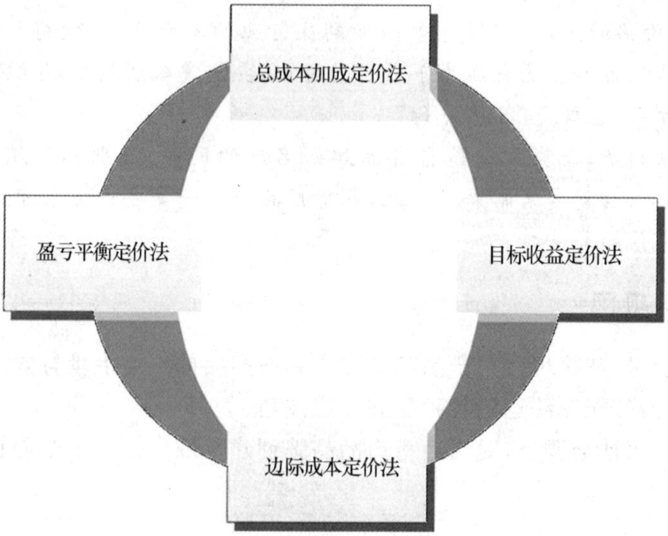

图2-18 畜产品成本导向定价法

(2)畜产品竞争导向定价法。就是以竞争者的价格为导向。它的特点是:价格与商品成本和需求不发生直接关系;商品成本或市场需求变化了,但竞争者的价格未变,就应维持原价;反之,虽然成本或需求都没有变动,但竞争者的价格变动了,则相应地调整其商品价格。当然,为实现企业的定价目标和总体经营战略目标,谋求企业的生存或发展,企业可以在其他营销手段的配合下,将价格定得高于或低于竞争者的价格,并不一定要求和竞争对手的产品价格完全保持一致。在竞争十分激烈的市场上,企业通过研究竞争对手的生产条件、服务状况、价格水平等因素,依据自身的竞争实力,参考成本和供求状况来确定商品价格。这种定价方法就是通常所说的竞争导向定价法。竞争导向定价主要包括如图 2-19 所示 3 种:

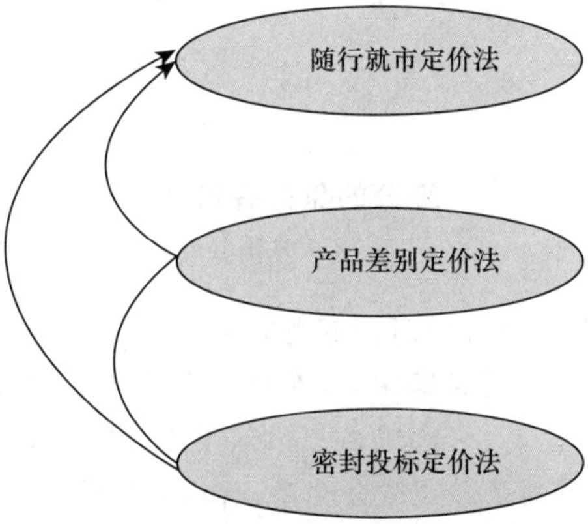

图 2-19 畜产品竞争导向定价法

(3)畜产品顾客导向定价法。以市场需求为导向的定价方法,价格随市场需求的变化而变化,不与成本因素发生直接关系,符合现代市场营销观念要求,企业的一切生产经营以消费者需求为中心。现代市场营销观念要求企业的一切生产经营必须以消费者需求为中心,并在产品、价格、分销和促销等方面予以充分体现。根据市场需求状况和消费者对产品的感觉差异来确定价格的方法叫做顾客导向定价法,又称“市场导向定价法”“需求导向定价法。需求导向定价法主要包括理解价值定价法、需求差异定价法和逆向定价法(图 2-20)。

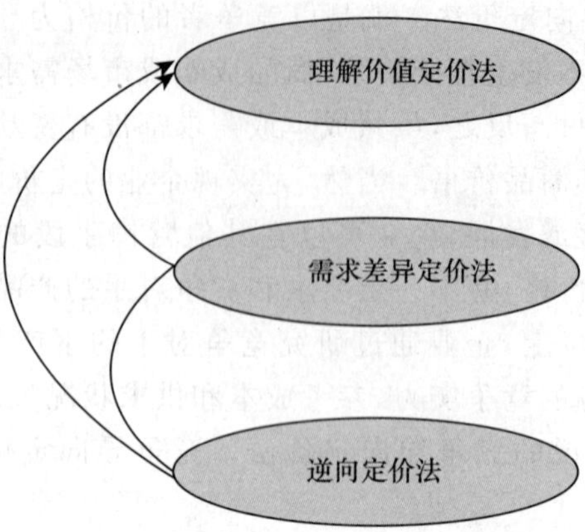

图 2-20 畜产品顾客导向定价法

案例一

细分的兔肉有市场

(http://www.zhifujing.org)

兔肉是一种营养丰富的肉制品。有美容肉之称,虽然近几年国内的兔肉消费一直呈上升趋势,但是与欧洲国家相比,人均消费量还很少,所以仍有广阔的发展空间。兔肉的蛋白质含量高,它比鸡肉、猪肉、羊肉、牛肉的蛋白质含量都要高,它的必需氨基酸含量多,特别是赖氨酸含量高,所以它的营养价值是非常好的。

我国肉兔存栏量,目前大概是2.2亿只,主要的分布区域是在四川、山东、河南还有像江苏、重庆、福建以及河北等省份。近几年,随着肉兔养殖业的发展,兔肉的加工产量和市场销售也在不断增加。根据畜牧部门的统计,2010年兔肉全国的总产量是69万吨,最近这五年来,兔肉的年增长率大概在6.3%左右。近几年,生鲜冷冻兔肉除了出口国外,国内销售也呈逐年上升的趋势,在一些大中城市的超市里,以前很少见到的兔肉,如今也都摆上了货架。

兔肉细分不仅能拓宽销售渠道,还提升了兔肉市场销售价格,增加了产品的附加值。产品分割得越细,经济效益越好,也就是附加值越好。青岛某食品加工企业负责人韩炯瑞介绍说:像我们现在出口的这一部分产品,运送到国外以后,尤其在法国、德国这样的国家,它对产品的品质要求是非常严格的,打个比方说,要卖一条兔腿,它就卖4~5元,它要求这条兔腿就是50克的,60克的和40克的都不行。它把产品的标准分得很细,只能迎合人家的标准,才能实现产品的销售。目前像腰背条的出口价格每吨在3.5万元左右,整只白条兔价格相对偏低一些,每吨在2.3

万～2.5 万元。现在整只兔是 25.96 元/千克，前腿和后腿价格一样。别的部位，就是腰背条是 40 元/千克，因为这个腰背条是兔子身上最好吃的一块，是卖得最好的，兔心、兔腰是 32 元/千克。兔肉分得细，可供消费者选择的品种就多，市场空间就更大。

2. 实用的畜产品定价策略

价格是企业竞争的主要手段之一，畜产品生产经营者除了根据不同的定价目标，选择不同的定价方法，还要根据复杂的市场情况，采用灵活多变的畜产品定价策略(图 2-21)。

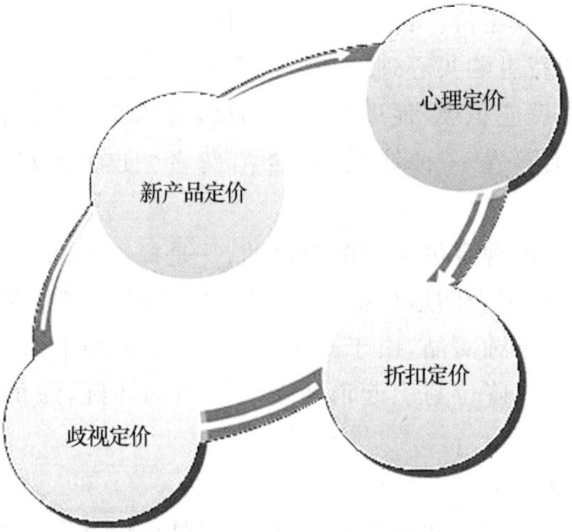

图 2-21　畜产品定价策略

(1)新产品定价策略。

①有专利保护的新产品定价可采用撇脂定价法和渗透定价法。

撇脂定价法。新产品上市之初，将价格定得较高，在短期内获取厚利，尽快收回投资。就像从牛乳中撇取所含的乳油一样，取其精华，称之为“撇脂定价”法。这种方法适合需求弹性较小的细分市场，其优点：一是新产品上市，顾客对其无理性认识，利用较高价格可以提高身价，适应顾客求新心理，有助于开拓市场；二是主动性大，产品进入成熟期后，价格可分阶段逐步下降，有利于吸引新的购买者；三是价格高，限制需求量过于迅速增加，使其与生产能力相适应。缺点是：获利大，不利于扩大市场，并很快招来竞争者，会迫使价格下降，好景不长。

渗透定价法。在新产品投放市场时，价格定的尽可能低一些，其目的是获得最高销售量和最大市场占有率。当新产品没有显著特色，竞争激烈，需求弹性较大时宜采用渗透定价法。其优点：一是产品能迅速为市场所接受，打开销路，增加产量，使成本随生产发展而下降；二是低价薄利，使竞争者望而却步、减缓竞争，获得一定市场优势。

②仿制品的定价策略。仿制品是企业模仿国内外市场上的畅销货而生产出的新产品。仿制品面临着产品定位问题，就新产品质量和价格而言，有九种可供选择的战略：优质优价；优质中价；优质低价；中质高价；中质中价；中质低价；低质高价；低质中价；低质低价。

(2)心理定价策略。

①尾数定价或整数定价。许多商品的价格，宁可定为0.98元或0.99元，而不定为1元，是适应消费者购买心理的一种取舍，尾数定价使消费者产生一种“价廉”的错觉，比定为1元反应积极，促进销售。相反，有的商品不定价为9.8元，而定为10元，同样使消费者产生一种错觉，迎合消费者“便宜无好货，好货不便宜”的心理。

②声望性定价。此种定价法有两个目的：一是提高产品的形象，以价格说明其名贵名优；二是满足购买者的地位欲望，适应购买者的消费心理。

③习惯性定价。某种商品，由于同类产品多，在市场上形成了一种习惯价格，个别生产者难于改变。降价易引起消费者对品质的怀疑，涨价则可能受到消费者的抵制。

(3)折扣定价策略。

大多数企业通常都酌情调整其基本价格，以鼓励顾客及早付清货款、大量购买或增加淡季购买。这种价格调整叫做价格折扣和折让。

①现金折扣。是对及时付清账款的购买者的一种价格折扣。例如“2/10”，表示如果在成交后10天内付款，给予2%的现金折扣。许多行业习惯采用此法以加速资金周转，减少收账费用和坏账。

②数量折扣。是企业给那些大量购买某种产品的顾客的一种折扣，以鼓励顾客购买更多的货物。大量购买能使企业降低生产、销售等环节的成本费用。例如：顾客购买某种商品100单位以下，每单位10元；购买100单位以上，每单位9元。

③职能折扣，也叫贸易折扣。是制造商给予中间商的一种额外折扣，使中间商可以获得低于目录价格的价格。

④季节折扣。是企业鼓励顾客淡季购买畜产品的一种减让，使企业的生产和销售一年四季能保持相对稳定。

⑤推广津贴。为扩大产品销路，生产企业向中间商提供促销津贴。如零售商为企业产品刊登广告或设立橱窗，生产企业除负担部分广告费外，还在产品价格上

给予一定优惠。

(4)差别定价策略。

企业往往根据不同顾客、不同时间和场所来调整产品价格，实行差别定价，即对同一产品或劳务定出两种或多种价格，但这种差别不反映成本的变化。主要有以下几种形式：

①对不同顾客群定不同的价格。

②不同的花色品种、式样定不同的价格。

③不同的部位定不同的价格。

④不同时间定不同的价格。

实行差别定价的前提条件是：市场必须是各个细分市场的需求强度是不同的；商品不可能转手倒卖；高价市场上不可能有竞争者削价竞销；不违法；不引起顾客反感。

知识框

畜产品定价目标

定价目标是企业在对其生产或经营的产品制定价格时，有意识的要求达到的目的和标准。它是指导企业进行价格决策的主要因素。定价目标取决于企业的总体目标。不同行业的企业，同一行业的不同企业，以及同一企业在不同的时期，不同的市场条件下，都可能有不同的定价目标。企业的定价目标是以满足市场需要和实现企业盈利为基础的，它是实现企业经营总目标的保证和手段。同时又是企业定价策略和定价方法的依据。

1. 以获取利润为目标。获取利润是企业从事生产经营活动的最终目标，具体可通过产品定价来实现。

2. 以提高市场占有率为目标。也称市场份额目标。即把保持和提高企业的市场占有率(或市场份额)作为一定时期的定价目标。市场占有率是一个企业经营状况和企业产品在市场上竞争能力的直接反映，关系到企业的兴衰存亡。较高的市场占有率，可以保证企业产品的销路，巩固企业的市场地位，从而使企业的利润稳步增长。

3. 以应付和防止竞争为目标。企业对竞争者的行为都十分敏感，尤其是价格的变动状况更甚。在市场竞争日趋激烈的形势下，企业在实际定价前，都要广泛收集资料，仔细研究竞争对手产品价格情况，通过自己的定价目标去对付竞争对手。根据企业的不同条件，一般有以下决策目标可供选择。

企业对竞争者的行为都十分敏感，尤其是价格的变动状况更甚。在市场竞争日趋激烈的形势下，企业在实际定价前，都要广泛收集资料，仔细研究竞争对手产品价格情况，通过自己的定价目标去对付竞争对手。

(二)资料准备

1. 利用网络、图书馆或资料室以及报纸杂志，查找有关畜产品价格制订方法的信息资料；

2. 查找本地企业畜产品价格制订的相关案例资料，并写出分析报告。

二、任务设计与实施

【任务设计】

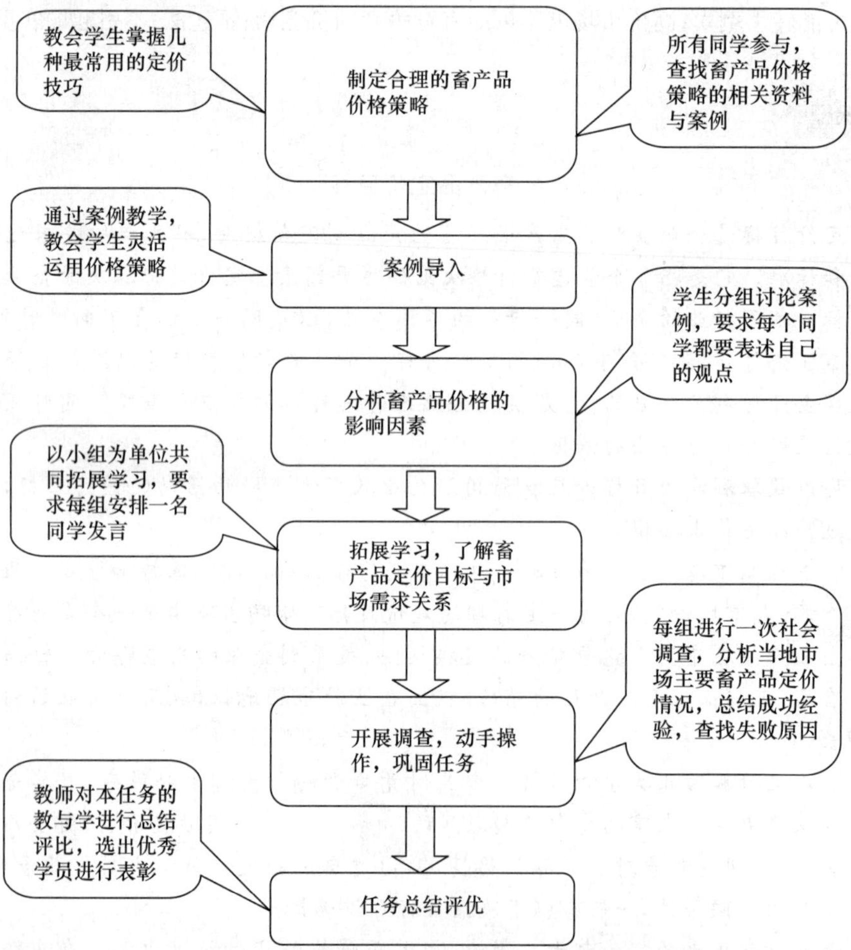

【任务实施】

(一)导入案例

案例二

羊肉价格下降问题亟待解决

(http://cif.mofcom.gov.cn 2015.08.17)

羊肉产业是正蓝旗的传统产业,又是重要特色优势产业,在正蓝旗经济发展中起着至关重要的作用。2014 年以来,由于受供需矛盾等因素的影响,正蓝旗羊肉收购价格遭遇了 2006 年以来的首次下跌。据调查,2014 年活羊收购市场与上年同期相比,收购价格大幅度下降,收购商也明显减少。2014 年羔羊价格(毛重)平均为 18.5 元/千克,同比下降 22.9%;白条羔羊收购价格平均为 41 元/千克,同比下降 18%;2014 年羊价格(毛重)平均为 17.5 元/千克,同比下降 37.4%;白条羊收购价格平均为 38 元/千克,同比下降 24%,对牧民收入造成了极大的影响。

(二)案例分析

1. 分析价格下降的原因

(1)消费明显回落。受宏观经济增速放缓影响,从去年夏季开始羊肉市场消费开始下降。除了高端餐饮业不景气,购买力下降,对羊肉的需求减少外,还有一个重要因素就是羊肉价格偏高,猪肉、禽肉价格的低位对其消费替代性增强,居民消费羊肉数量有所减少。

(2)供应逐步增加。在国家扶持政策的拉动下,羊肉主产省(区)生产能力进一步提升。据统计今年一季度,内蒙古羊肉产量为 14.2 万吨,同比增长 2.6%;新疆羊肉产量为 12.4 万吨,同比增长 6.2%。近两年活羊规模化生产得到有效发展,羊肉市场供应增加。

(3)进口羊肉影响。2014 年我国进口羊肉 28.3 万吨,同比增长 9.3%。2015 年 1～4 月羊肉进口 9.3 万吨,同比下降 22.9%,比 2013 年同期仍高出 10.6%。进口羊肉进入国内市场,增加了市场选择余地,其价格优势在一定程度也影响了国内羊肉价格。

2. 未来羊肉价格趋势

未来一段时期,我国羊肉消费将继续处于相对稳定态势,羊肉价格继续小幅回落。从生产供给看,随着国家对草食畜牧业发展的逐渐重视,对稳定肉羊生产起到积极的作用;从消费需求看,尽管目前消费呈现低迷,但随着城镇化的加速推进,城乡居民收入水平的提高和膳食结构的改变,我国羊肉消费结构比例将呈递增趋势。

总体看，羊肉供给偏紧的格局短时期内不会从根本上扭转，羊肉价格不大可能出现大幅波动的趋势。

3.生产水平存在问题

(1)产业链条较短。目前羊的养殖方式较为粗放和原始，生产效率不高，产品仍以活体销售和初加工为主，附加值不高。建议重视培育和扶持龙头企业或合作社，构建集约化、标准化和适度规模化有机结合的产业发展链条，逐步推进繁育、育肥、加工和销售等环节一体化的发展模式，延伸产业链条，降低成本，提高效益。

(2)质量安全意识滞后。我国尚未建立起针对肉羊饲养、收购、屠宰、加工、运输、销售及消费等信息的全程追溯体系。建议进行全产业链生产，建立产品可追溯体系等多重方式，从源头保障产品的品质和安全，积极推动绿色认证、地理标志登记，真正做到优质优价。

(3)抵御风险能力不足。我国肉羊养殖总体上以散户养殖为主，管理粗放，抵御自然灾害能力差。建议加大对"企业＋农牧民""合作社＋农牧民"等养殖模式的支持力度，加快农牧民与企业或合作社建立互信互利的利益联结机制，从而加大抵御风险的能力。

(4)防疫体系尚不完善。目前，我国基层兽医防疫队伍，尤其是村级防疫人员和种羊场兽医技术人员较欠缺。同时防疫机构资金缺乏、检测手段落后，疫病防控难度不断加大。建议充实基层兽医队伍，提高业务素质，推行羊只疫病综合防控，同时加强基层动物防疫执法力度，推进疫病病原体及免疫抗体检测。

(三)任务实施的组织

(1)通过对案例的阅读、讲解、分析，让学生掌握怎样对畜产品进行合理定价。

(2)通过对上述多个案例的比较分析，充分了解各种定价方法之间的利弊。

(3)安排分组调查，当地的畜产品生产经营者是如何定价的，每组写一个调查报告。

(4)每组选一个代表，把调查报告在全班进行演示与讲解，其他成员补充，全班讨论。

(5)安排好每组学生知识点拓展学习，每组学员准备两名同学现场进行课堂分析，全班讨论。

(6)以市场调查的方式进行知识巩固，要求以组为单位，每个同学参与。

三、学习拓展

利用以上学习的知识，分析李学财的鸡蛋价格为什么能卖那么贵？

案例三

卖鸡蛋有高招　让老婆住进大别墅

（CCTV7 央视七套致富经官网　2014.10.27）

李学财出生在一个普通的农民家庭，初中毕业后就下地干起了农活，他总是有想法，想进城，想做生意，想要出人头地。李学财把创业当成了改变命运的唯一方式。

2007 年，追求品牌的李学财承包了一片山林，开始饲养土鸡。他把鸡养在树林里面，草丛当中，芦苇丛当中，给鸡盖别墅，让鸡喝天然的山泉水。李学财觉得要做品牌，品质是最重要的。这些在南方少有种植的玉米都是李学财自己种的，为的就是让鸡吃得放心，生出好的鸡蛋！到 2008 年，他终于生产出了自己满意的鸡蛋。李学财说，就在 2008 年，他看着鸡蛋蛋黄饱满，对销售前景充满了自信。李学财给鸡蛋注册了商标，定价 2.5 元一枚，还组建了一支销售团队，向三明、福州、厦门等地的超市铺货。在李学财看来，一切准备就绪，就等着开门红的好消息。然而现实却是，卖不出去的鸡蛋很快堆满了仓库，有的甚至放坏了只能白白倒掉。

自己的鸡蛋这么好，怎么买的人却不多呢？为了找到原因，李学财带着销售团队在超市做了很多市场调查，询问消费者为什么不买自己的鸡蛋。这时候，李学财放眼一看，市面上各种包装的鸡蛋都打着放养、绿色、健康等口号宣传，不怪消费者不相信，只怪同质化竞争太激烈。李学财感到两眼摸黑：到底怎么样才能找到打开市场的突破口呢？

李学财 2011 年在福州参加一个培训班。通过学习，李学财恍然大悟：酒香不怕巷子深的时代早已一去不复返，无论是街边的小吃店，还是商场里的专柜产品，一个叫得响、受欢迎的品牌需要好的品质，同时需要高明的营销。那么接下来，李学财将为自己的鸡蛋使出什么样的营销妙招呢？

2011 年，李学财把每个鸡蛋的出生日期喷在蛋壳上，这个决定一出，立马遭到了公司上下的一致反对。2011 年，整个福建市场还很少见到每个都印着出生日期的鸡蛋品牌，因为这对销售速度是极大的挑战。然而，李学财要的就是这种差异化：同行们都宣传自己的鸡蛋绿色健康口感好，而他给自己的鸡蛋找的卖点就是出生日期透明化。换一个方式，告诉人家他家的鸡蛋从管理的角度，从鸡蛋生下来那一刻就打上当天的日期，买回家五天就是五天，八天就是八天，不假，骗不了人。

卖点是找到了，但如何才能快速地把这个卖点传播出去呢？李学财决定想一句广告词。想了大半个月，终于，一句七个字的广告词新鲜出炉了！“个个都有出生证”，李学财把这七个字印到了货车以及包装上面，还贷款 400 万元向沙县、三明、福州等地的交通广播、楼宇电梯等媒体投放了广告，很快，不少经销商主动提出想要代理李学财的鸡蛋。

一句广告词让很多人记住了李学财的鸡蛋品牌，此时，李学财卖鸡蛋的灵感还在持续发酵。孩子满月要给亲朋好友送鸡蛋，这是很多地方的习俗。传统的办法是把蛋壳染成红色，或者在上面贴上红纸。李学财用一个简单的红色包装省去了很多麻烦，同时也留住了美好的寓意。

从个个都有出生证，再到喜蛋，李学财一边用各种营销方法拓展市场，一边完善销售渠道。现在，李学财正在重点发展电子商务，拓展销售半径，同时他把养殖基地扩大到了4个，总面积230公顷，其中有一个通过了有机认证，一枚鸡蛋卖到了4元钱，2013年销售额3千多万元。这一年，李学财不仅实现了自己的创业梦想，也兑现了让妻子住进别墅的承诺。李学财感到庆幸：自己总算是睁开眼睛走路了。

四、任务巩固

1. 经过学习，掌握畜产品定价的方法和策略。

2. 通过实践，能熟练运用各种畜产品定价方法和技巧。

3. 组织一次社会调查，对当地畜产品价格作一个全面认识，并写出调查分析报告。

任务9 建立畅通的畜产品营销渠道

一、学习准备

（一）知识准备

1. 营销渠道的概念与功能

营销渠道又叫做分销渠道或者销售通路，是促使产品或服务顺利地被使用或消费的一整套相互依存的组织。营销渠道执行的工作就是把畜产品从生产者那里转移到消费者手里。就其本身而言，渠道中通常会有三种流程：正向流程是从生产者向消费者的流程，如实物、所有权；反向流程是从消费者向生产者方向的流程，如订货、付款；双向流程是在生产者与消费者之间实现的双向流动，如信息流、谈判等。

2. 营销渠道的结构

营销渠道的结构,可以分为长度结构、宽度结构以及广度结构三种类型。三种渠道结构构成了一个立体的渠道系统。

(1)长度结构,又称为层级结构。是指按照其包含的渠道中间商(购销环节),即渠道层级数量的多少来定义的一种渠道结构。通常情况下,根据包含渠道层级的多少,可以将一条营销渠道分为零级、一级、二级和三级渠道等(图 2-22)。

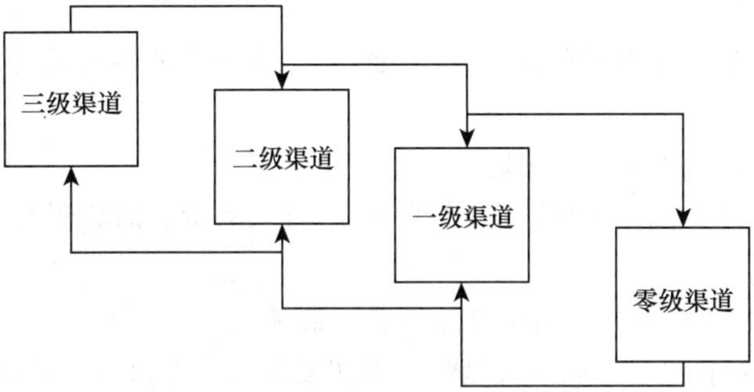

图 2-22　畜产品营销渠道长度结构

(2)宽度结构。渠道的宽度结构,是根据每一层级渠道中间商的数量的多少来定义的一种渠道结构。渠道的宽度结构受产品的性质、市场特征、用户分布以及企业分销战略等因素的影响。渠道的宽度结构分成如下三种类型(图 2-23)。

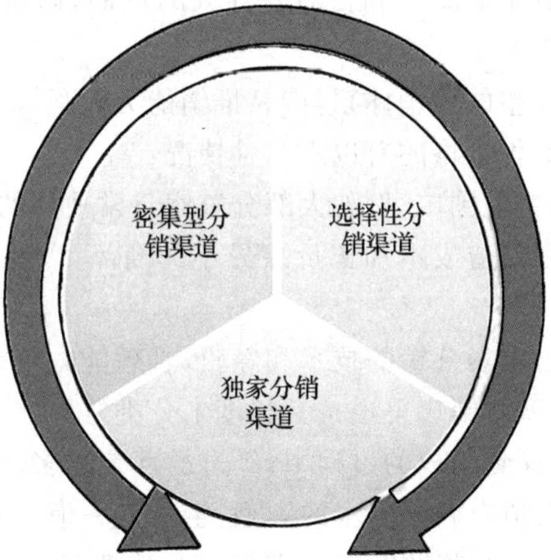

图 2-23　畜产品营销渠道宽度结构

(3)广度结构。渠道的广度结构,实际上是渠道的一种多元化选择。比如有的公司针对大的客户,成立大客户部直接销售;针对数量众多的中小企业用户,采用广泛的分销渠道;针对一些偏远地区的消费者,则可能采用邮购、网购等方式来覆盖。

3.影响畜产品营销渠道的因素有哪些

(1)市场因素:目标市场的大小、目标顾客的集中程度。

(2)产品因素:产品的易毁性或易腐性、产品单价、产品的体积与重量、产品的技术性。

(3)生产企业本身的因素:企业实力强弱、企业的管理能力强弱、企业控制渠道的能力 。

(4)政府有关法律及政策规定。

(5)中间商特性:中间商对生产企业分销渠道、消费者的购买数量、竞争者状况都有很大影响。

4.畜产品生产经营者怎样合理选择营销渠道

(1)直接式销售策略和间接式销售。按照商品在交易过程中是否经过中间环节来分类,可以分为直接式和间接式销售渠道两种类型。直接式销售渠道是企业采用产销合一的经营方式,即商品从生产领域转移到消费领域时不经过任何中间环节,间接销售渠道是指商品从生产领域转移到用户手中要经过若干中间商的销售渠道。

一般来讲,适合采取直接式销售策略有以下几种情况:

一是市场集中,销售范围小。

二是技术性高或者制造成本和售后差异大的产品,以及容易变质或者破损的商品,定制商品等。

三是企业自身有完整的营销体系,产品推销能力较强,经验丰富。

适合采取间接式销售策略的有以下几种情况:

一是市场分散,销售范围广,例如大部分家庭日常使用的产品。

二是非技术性或者制造成本和售价差异小的商品,以及不易变质及非易碎商品、标准品等。

三是企业自身缺乏市场营销的技术和经验,管理能力较差。

(2)长渠道和短渠道。销售渠道按其长度来分类,可以分为若干长度不同的形式,商品从生产领域转移到用户的过程中,经过的环节越多,销售渠道就越长;反之就越短。消费品销售渠道有四种基本的类型:生产者—消费者;生产者—零售商—消费者;生产者—代理商或者批发商—零售商—消费者;生产者—代理商—批发商—零售商—消费者。工业品销售渠道有三种基本的类型:生产者—用户;生产者—代理商或者工业品经销商—用户;生产者—代理商—经销商—用户。

一般来讲在以下情况下适合采取短渠道销售策略：

一是从产品的特点来看，易腐、易损、价格贵、高度时尚、新潮、售后服务要求高而且技术性强；

二是零售市场相对集中，需求数量大；

三是企业的销售能力强，推销人员素质好，资历雄厚。

反之，在以下情况下适合采取长渠道策略：

一是从产品特点来看，非易腐、易损、价格低、选择性不强、技术要求不高；

二是零售市场较为分散，各市场需求量较小；

三是企业的销售能力弱，推销人员素质较差，缺乏资金。

(3)宽渠道和窄渠道。销售渠道的宽窄，就是企业确定由多少中间商来经营某种商品。一般情况下，有以下三种具体策略可供选择：

①广泛销售。企业由于商品数量很大而市场面又广，为了能够使商品得到广泛的推销，使用户随时都可以买到这种商品，需要采用这种策略。例如，一般日用品和广泛通用的工业原材料可以采取这种策略。采用这种策略，生产企业应该负担较多的广告费和促销费，以利于调动中间商的积极性。

②有选择的销售。生产企业精心挑选一部分批发商和零售商来经营自己的产品，采用这种策略，由于中间商数目较少，有利于厂商之间相互紧密协作，同时，也能够使生产企业降低销售费用和提高控制能力，这种策略适用面较广。

③独家经营销售。生产企业只选择一家中间商，赋予它经销自己商品的权利。在一般情况下，生产企业在特定的市场范围内，不能再通过其他中间商来推销这种商品；而选定的经销商也不能再经营其他同类的产品。生产企业和中间商双方都应该通过签订协议做出明确的规定。

5. 当前畜产品生产经营实践中最常见的营销渠道

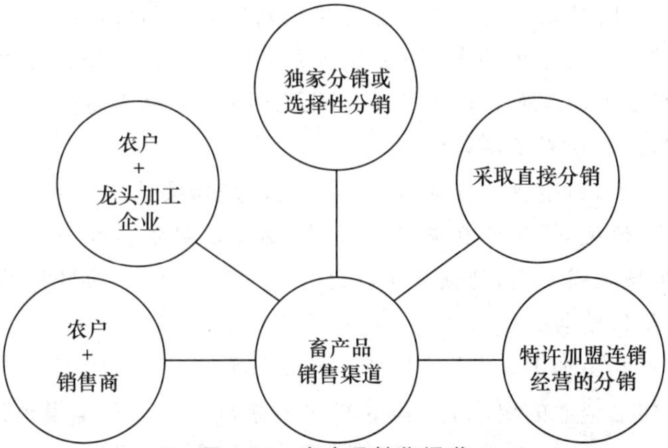

图 2-24 畜产品销售渠道

(1)“农户＋销售商”。采取“农户＋销售商”的形式，即农户成为销售商的生产基地。农户根据销售商的要求组织产品生产，由销售商负责销售。这种方式最大的优点在于畜产品生产者可以专心从事产品生产，减少流通环节的资金投入，最大的缺点是生产者与市场脱节，利润多少受销售商制约。

案例一

一个残疾人的致富梦

(http://zgsc.china.com.cn 2014.09.11)

在水富县太平镇太平村一个小地名叫岩腔背的地方，有个叫杨孝宾的残疾人身残志坚，硬是用自己残疾的身躯挑起重担，用自己坚强的意志拼出了一条致富路——林下生态鸡养殖。

在打工期间他边攒钱边学习一些养殖技术，2010 年回到家乡决定大干一场。杨孝兵马不停蹄地忙起来，修圈舍、买鸡苗、购饲料……在家人的帮助下，一个像模像样的养鸡场出现了。在杨孝兵的辛勤劳动和精心管理下，他的鸡滚动出售，凭着诚信为本的经营理念以及精明的头脑，每只鸡利润可达 25 元，年纯收入达 14 万元以上。现在杨孝兵的养鸡场一年能滚动出栏 3～4 批鸡，每批都能有 2 000 多只。他平时一边养鸡一边自学各种养殖书籍和营销书籍，同时，他还积极请太平镇专业技术人员和饲料厂家技术员进场指导，实行科学养鸡。

为了销售，他拄着双拐，坐火车、坐汽车辗转于昭通、昆明、宜宾、成都、自贡、内江等地跑市场，找商家，寻找销售渠道，得知他的实际情况后，太平镇党委政府随时关注杨孝兵的生态鸡销售情况。

今年 7 月 9 日，镇政府引进 1 名生态鸡代销商助其销售即将出栏的 2 000 余只生态鸡，经代销商与杨孝兵协商，其生态鸡价格比杨孝兵以往的卖出价高出 2 元/千克，光这一栏 2 000 只鸡就赚了 5 万元的纯利润，他的辛勤劳动，加上党委政府和社会的关怀，为他换来了丰盈的回报。

杨孝兵成功了，由于他是残疾人，所以，他的成功要比平常人多付出几倍的努力。谈到对未来的规划，杨孝兵充满了憧憬，他计划明年再办一个种鸡场，鸡苗自给自足，将养鸡场规模扩大，计划年出栏达 4 万～5 万只鸡，为降低推销成本，产品全部由销售商组织销售。

(2)“农户＋龙头加工企业”。即农户与畜产品加工企业组成一体化经营组织，农户按畜产品加工企业的要求，为其生产加工原材料。该营销渠道最大的优势在于产品不愁销路，农民只需要按加工企业要求组织生产，可降低生产经营成本，取得比较稳定的收入；缺点是企业与农户是不同的利益主体，各自追求自身的利益最大化，农户由于生产规模小且为分散的个体，在双方利益博弈中处于明显的劣势。

知识框

“龙头企业＋农户”模式的类型及其发展现状

“龙头企业＋农户”模式是企业和农户为弥补家庭承包制的缺陷而组成的一种经营形式，它是以农产品加工、储藏、运销为主的企业，围绕一项产业或产品，与农户通过契约或其他方式结合在一起的一种合作形式，是农户和龙头企业在市场经济条件下的一种理性选择。与农民合作经济组织形式一样，龙头企业也架起了农户与国内外市场之间的桥梁，推动了农业标准化、规模化生产，带动了相关产业和当地经济的发展；不同的是该模式中企业与农户是不同的利益主体，各自追求自身的利益最大化，关系较为松散。当前我国“龙头企业＋农户”模式中，企业与农户主要通过合同契约、反租倒包、出资参股三种方式结合在一起。

(3)“畜产品养殖基地＋农户”。畜产品基地就是能长期稳定地向提供大量畜产品的集中生产地区。它有以下几个方面的要求：一是强调生产的专业化和养殖区域化，使基地尽可能形成规模。二是在基地管理上，重点强调生产技术规程的组织实施，推行品种供应、疫病防治等统一服务。三是在运作模式上，积极探索基地建设与管理的运行机制，推广“企业＋基地＋农户”、“市场＋基地＋农户”或“合作组织＋基地＋农户”等运作模式，促进基地生产、管理、经营一体化发展的良性循环。

案例二

回乡创业“养羊”得意

(www.ytny.gov.cn　2015.08.04)

在安徽省无为县，家家羊肉馆生意都很火爆。这得益于当地养羊产业的蓬勃发展，以及有口皆碑的羊肉品质。

近年来，无为县通过实施畜牧提升计划，大力发展生态畜牧业，鼓励在丘陵山区发展养羊业，并实施家畜圈养、安全牧场项目。该县外出创业人士瞅准政策时机，纷纷回乡创办养羊基地，养羊业在该县呈迅猛发展之势。

“明年我们除力争出栏优质种公羊、种母羊3 000头，肉用育肥羊5 000头外，还将延伸养羊产业链条，充分利用羊饲料的尾料来喂养生态鱼。让芜湖人在家门口就能吃上新鲜的本地羊肉是我们最大的心愿，也是我们一直努力的方向。”芜湖市最大的山羊养殖繁育基地——无为县天牧山山羊养殖场老板阮道红说道。

阮道红原在北京高校做后勤服务，通过十几年的打拼，他已积累了一定资产。一直想回乡创业的他，通过市场调研发现，随着经济的发展，中国人越来越注重生活品质的提高，养羊业可谓“朝阳产业”，而家乡多滩涂荒地、饲料资源充沛、气候优越等优势得天独厚。

在家人的反对和周围人怀疑的眼光中，他和朋友曾后友一起创办无为县天牧山山羊养殖场，致力于种山羊的繁育推广、成羊养殖、销售等工作。

目前该基地占地10公顷，已建设标准化羊舍5 000米^2，饲养成年种羊800多只，幼羊200多只，育成肉羊300多只，总投资达250余万元。养殖场建设全部按照标准化养殖场管理规范要求，设置了标准化羊舍、运动场、青饲料种植基地、晒场等，确保羊产品绿色无污染。

这些绿色产品经过深加工后将远销山东、江苏等地。由于市场供不应求，经济收入高，该基地目前已经带动无为周边群众养羊3 000多只，同时，该养羊基地已与近200农户达成了合作意向。基地向农户供应种羊，提供全程的技术服务及防病防疫，并负责产品的销售。“基地＋农户”的模式，在提高基地商品数量与经济效益的同时，实行了与周边的农户共同富裕。

(4)农民专业合作社。农民专业合作社是以农村家庭承包经营为基础，通过提供农产品的销售、加工、运输、贮藏以及与农业生产经营有关的技术、信息等服务来实现成员互助的组织，从成立开始就具有经济互助性。拥有一定组织架构，成员享有一定权利，同时负有一定责任。当前各种专业合作社如雨后春笋般在全国各地农村成立，专业合作社已成为农产品销售的重要渠道。

案例三

生猪合作社成畜牧养殖产业发展“新引擎”

（农博网　2012.09.17）

“我养殖生猪已近5年了，因为资金和市场方面的原因养殖数量不多，而生猪的饲料主要从灵溪买进，运费比较高，还要承受价格波动的风险。自从加入合作社以后，不仅团购饲料让我降低成本，而且市场信息也更加通畅，避免了风险，最近我还准备通过合作社向银行贷款，扩大生猪养殖数量。”郑德钢是矾山镇一名普通的生猪养殖户，他口中所指的合作社就是刚刚成立不久的苍南县兴牧生猪专业合作社，也是温州首家以生猪产业为纽带的合作社。

合作社成立后，首先在龙港镇内开了第一家猪肉直销超市，负责猪肉的批发、配送以及零售，受到了群众的欢迎。“接下来合作社还准备在其他乡镇也相继开设直销店，让社员们生产的生猪通过直销店销售，这意味着今后不论猪价涨跌，合作社将优先安排社员养殖的生猪在适当的时段销售，减轻社员压力，实现利润最大化。”社长杨昌金表示，通过建立长期稳定的供销关系，合作社不仅还能为广大消费者提供质量安全、价格合理的猪肉产品，也帮助社员解决了卖猪难题。

合作社采用组团采购原料的形式，帮助养殖户们有效地降低采购价格和降低养殖成本，并且在生产和经营过程中，统一生产标准，提高全体社员整体养殖水平，增强市场竞争力和抵御疫病和抗市场风险的能力，从源头上控制畜牧业生产质量安全。

“生猪市场波动较大、生猪饲养周期相对较长等原因，一些社员养殖户不可避免地存在资金周转方面的困难，我们合作社通过采取合作社担保、社员联保、生猪抵押等形式，帮助他们解决了生猪产业化经营中资金短缺、融资难的难题。”杨昌金介绍说。目前合作社有生猪存栏 4 万多头，栏舍面积约 8.5 万米^2，日出栏生猪约 200 头，已能满足本县猪肉消费市场 20%的需求。

(5)农产品经纪人。农产品经纪人是指从事农产品收购、储运、销售以及销售代理、信息传递、服务等中介活动而获取佣金或利润的经纪组织和个人。改革开放 30 多年，农村经济得到了极大的发展，一大批具有专业性质的农产品基地逐渐形成。把农产品推向市场，加快农产品转化为商品的速度，需要有良好的流通渠道。农产品经纪人在这个方面可起到很好的沟通、中介作用。农产品经纪人可以把本地的农产品资源介绍给市场，把市场需求和本地生产紧密连接起来，在本地形成强大的商品优势，使资源优势能快速转化为市场优势。

案例四

雪域果洛有了畜产品经纪人

(青海日报　2015.08.27)

群山起伏，雪峰耸立。平均海拔 4 000 多米、地域偏远的果洛藏族自治州，境内天然牧场广袤千里，孕育了牦牛、冬虫夏草、厥麻等独特物产。

如何把资源优势转化为商品优势，把果洛牧民的牦牛肉、乳制品和土特产卖出好价钱？8 月 18～20 日，青海省供销联社在果洛州举办农畜产品经纪人培训班，省委党校和青海大学的教授及省供销联社工作人员，为学员们讲解了经纪人创业的路径选择、电子商务应用、市场营销方法以及遇到经营上的问题到哪里解决、农畜产品经纪人怎样发挥沟通供与销的作用等知识。25 名经纪人通过考试获得了中级农畜产品经纪人资格,成为果洛州第一批经纪人,他们将更加自信地带领当地牧民破解畜产品商品率不高的问题。

经纪人是农畜产品销售的桥梁,他们担当着农牧民与市场连接的重任。近年来,省供销社联社连续开展农畜产品经纪人培训工作,目前已在全省农村牧区累计培训农畜产品经纪人 1.85 万名,以往没有经纪人的同德、贵南、泽库、河南县以及果洛州陆续拥有了本地的经纪人队伍。

目前,我省 90%以上的农畜产品通过经纪人销售到省内外市场。果洛州经商委主任晓郸深有感触地对记者说,果洛州牧业经济增长不快,最大的原因就是畜产品的商品转化率低。而培养一支畜产品经纪人队伍,则有利于密切产销联系,搞活畜产品流通,带动牧户面向市场调整优化牧业生产结构,从而实现一个经纪人带活一个村、一个企业,几个经纪人带活一个乡、发展壮大一个企业的农牧区经济发展新格局。

(6)直接分销。畜产品生产者为减少产品流动环节,缩短流通渠道,降低周转费用,自己设立畜产品的专卖店或在大型商场设立经营专柜。这种渠道模式的优点是周转时间短、链条少、成本低;缺点是网点建设投入大、风险高、竞争激烈。

案例五

畜产品直销超市让养鸡收入翻倍

(中国养殖网　2014.12.24)

2014 年冬天的新疆,天寒地冻。天山的脚下,更是很难见到人烟。12 月 11 日,记者跟李东来到新疆维吾尔自治区吉木萨尔县的郊外,在十几厘米厚的雪地上,看到了李东养的南宁麻鸡和良凤黑鸡。

现在新疆的温度是零下二十多度,人站一会都会受不了,然而这些鸡在没过爪子的雪地里,却活力十足。李东的这个占地 8 公顷的养殖场,每年至少出栏 7 万只鸡。室内的这些鸡还没有出栏,所以还不能经受外面的寒冷,如果出栏了,在市场平均卖价 200 元一只。

为什么同样的鸡,李东就能卖得掉,还能多卖 20 元?事情还要从 2012 年,李东卖出去的一批黑鸡开始。那一年,李东的黑鸡在市场上,能卖到 200 元一只。然而,他发现自己赚的钱却越来越少。李东说:我的鸡批发出去,给二道贩子,二道贩子加点钱,再让别人吃上,我自己才得了二三十块钱,钱全部让贩子挣走了。眼看着自己和合作社成员的利润越来越低,李东决定,越过经销商,自己来做销售!可是,自己在县里开直销店,投资高,风险大,是笔不保险的买卖。几个月后,就在县里组织的一次在山东农业大学的培训班上，李东突然找到了灵感。李东就在当时的培训班上，找到了三个在县里规模化养猪、养羊的人，把合伙开直营超市的想法告诉了他们。通过直营超市，把自己的产品直接和市场对接，跨过中间商，四个人的想法一拍即合。很快，他们决定每人拿出10万元钱，合伙开一家畜产品的直营超市。超市在2012年12月开业。开业第一个月，营业额就达到了30万元。原先卖200元一只的黑鸡，在超市里的售价是120元，比市场上低了整整80元；可利润却翻了至少一倍！

开直营超市，让李东找到了合适的销售办法，一年时间，李东的养鸡合作社利润增长了30%，社员人数达到63人。而离开的合伙人阎军，也回来帮李东继续创业。2013年3月，李东创业的故事，引起了县政府的关注，县政府帮李东在乌鲁木齐市，一口气租下了7家社区门店，专门让李东卖县里的畜产品！

到2013年底，李东已经在乌鲁木齐经营了18家社区超市。2013年，鸡在超市里的销售数量，每天至少300只。下一步，他要继续完善自己的品牌。

(7)连锁经营。是指若干个畜产品经营者，以一定的形式组成一个联合体，在整体规划下进行专业化分工，并在分工基础上实施集中化管理，把独立的经营活动组合成整体的规模经营，从而实现规模效益。连锁经营包括三种形式：直营连锁、特许经营和自由连锁。

知识框

“周黑鸭”的“六统一”连锁经营管理模式

2006年6月，“周黑鸭”品牌正式开始企业化运作，总部落户于湖北省武汉市。是一家专门从事鸭类、鹅类、鸭副产品及素食类休闲熟卤制品深加工的品牌企业，湖北周黑鸭管理有限公司截止到2015年，在职员工已超3 000人，下属20多家子公司。长期以来，周黑鸭始终坚守“统一采购、统一生产、统一配送、统一销售、统一核算、统一形象”的“六统一”连锁经营管理模式和“质量第一，信誉至上，保持特色，持续发展”的经营理念。周黑鸭品牌始终坚持自主经营和发展，数百家直营门店遍布北京、上海、天津、重庆及武汉、广州、深圳、长沙、杭州、郑州、南京、南昌等省会城市。同时分别在华中、华南、华北及西南地区分别建设并规划大型现代化生产中心，服务华东、华南、华北、华中等地区。2012年，“周黑鸭”被国家工商总局认定为“中国驰名商标”。周黑鸭坚持100%分店直营，全国有200家门店，而行业中规模最大的绝味已经有近3 000家。湖北周黑鸭食品有限公司董事长周富裕称。连锁行业有两种模式：一是加盟，二是直营，但为规模最大化，行业加盟“圈地运动”风生水起。但周富裕称过快扩张已令不少巨头身陷财务与品牌管理、食品质量安全等风险。从2006年正式创立周黑鸭一直采取“中央厨房+直营店”模式。2013年，周黑鸭已经进军湖南、江西、北京和深圳。但总店数相较于行业内其他企业算是“龟速前进”。据了解，天图创投资产规模超过人民币30亿元，已投资了荣信股份、江通动画、三泰电子等30余家企业。荣信股份等5家企业已在国内外资本市场上市。对于为何相中周黑鸭，冯卫东称：“周黑鸭是行业中财务最优秀的，用不到同行1/10的规模取得近1/2的业绩。”而周黑鸭副总杜汉武称周黑鸭的单店销售是同行业的近4倍。

(8)产地直销。就是指畜产品生产者在生产地直接把产品销售给客户，由于减少了诸多流通环节，降低了营销费用，生产者能获得更多的收益。这种营销渠道的最大难处在于怎样把客户从各级市场上吸引到产地。这要求畜产品生产者准确定位经营项目，精心选择产品品种。只有生产出市场畅销的畜产品，才能把客户吸引到田间地头、猪场鸡舍。

案例六

尹贵银养貂走上致富路

(www.ytny.gov.cn　2015.09.01)

提到水貂，不少人可能都感到很陌生；但是说起貂皮，那可就是大名鼎鼎了。古有诗云，“貂冠水苍玉，紫绶黄金章”，自古以来，貂皮就被称为“软黄金”。8月21日，记者来到了阳谷县侨润街道前杨村“养貂能人”尹贵银的养殖场，刚走进貂舍，这些个有点高贵气质的小精灵便在笼舍上下蹿跳，尖利的爪子死死地抓住铁丝嗅个不停。

谈起自己的养貂经历，尹贵银的话匣子一下子打开了。“我是2013年开始养貂的，从开始的几十只到现如今400多只，时间不长，但也经历了起起落落，不少和我一起养貂的人早已转了行，但我却始终情有独钟。”

俗话说得好，“家有万贯，带毛的不算”，养貂利润高，但风险大，对养殖技术的要求也高。尹贵银是个胆大心细的人，聊起养殖诀窍来滔滔不绝，“母貂体重控制在1.1千克是最适合繁殖下一代的。其次就是把好饲料关，养貂是个细致活儿，事事都得操心，尤其是喂食，更不能马虎！”尹贵银介绍说，每次进料一定要严格把关，“我用的都是当天最新鲜的鸭架，打碎了当饲料，一天喂两次。”同时，夏季是幼貂生长的关键时期，又是犬瘟热和肠炎高发流行季节，这时候，就要及时注射犬瘟热和肠炎疫苗，才能保证幼貂的成活率。

貂饲养的好，但要取得经济效益，销路是关键。说起这个问题，尹贵银告诉记者，“由于市场上貂皮非常紧俏，所以每年到了11月份，来自郓城等地的客商就直接把车开进村里，我的貂根本不用外出推销，在产地就直销出去了。”去年他又新养了100多只貉子，既合理利用现有资源，又节省了成本。

(二)资料准备

1. 利用电视和网络，观看中央台的《致富经》《每日农经》《聚焦三农》以及新闻栏目，积累畜产品营销渠道知识与信息。

2. 收集畜产品营销渠道的相关案例。

3. 利用网络、平面媒体查找收集畜产品营销渠道的相关报道。

二、任务设计与实施

【任务设计】

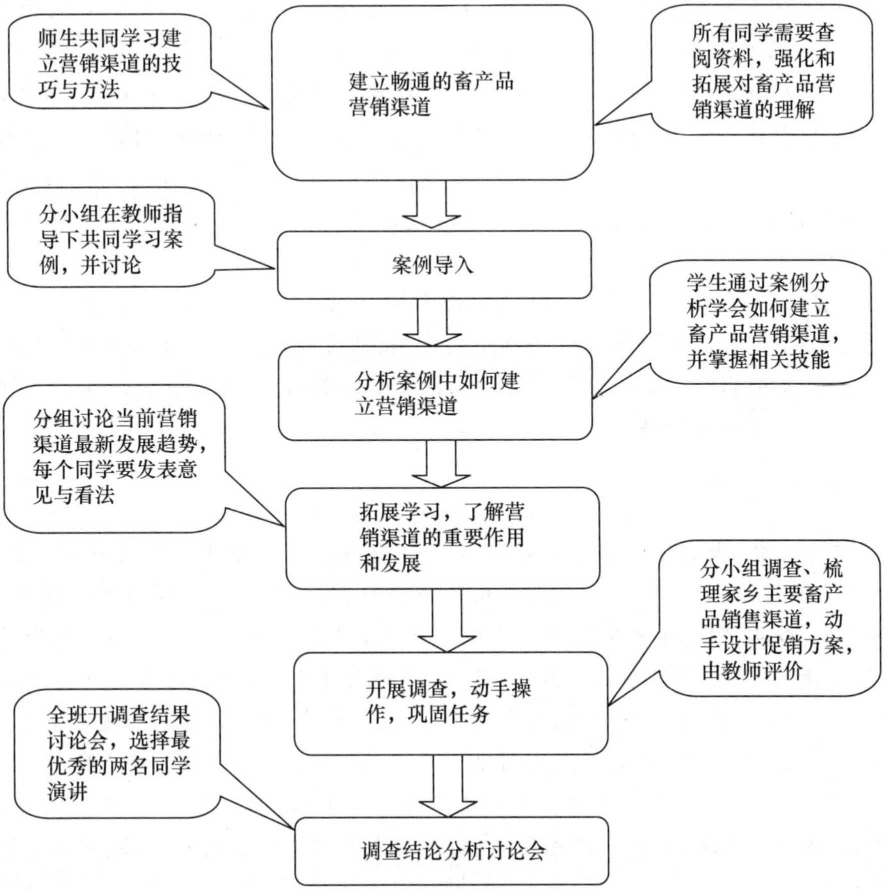

【任务实施】

(一)导入案例

案例七

鄂西“零号土猪”风靡江城

(武汉农村新报讯　2013.03.30)

在人们追求原生态和绿色饮食的今天,洋猪肉价格坐过山车,土猪肉却能稳打价格战。号称“零药残、零污染、零激素、零注水、零病害、零重金属”的“零号土猪”,在武汉上市三年,打下亿元市场的江山。

山猪闯进武汉超市

“跟市场上其他猪肉相比,我买的这‘零号土猪’虽然看相差、膘肥一点,但吃起来香!”28日,在沃尔玛买菜的武汉汪婆婆欣喜地说。

如今,对很多城市人来说,食品越“土”,越有新鲜感。记者在武汉沃尔玛“零号土猪”专柜看到,产品被分割后,白条肉平均卖到30～33元/千克,肋排平均价格为70～80元/千克,价格高出普通猪肉约20%。据了解,和普通生猪45%～50%的瘦肉率相比,“零号土猪”生长周期慢,膘肥,瘦肉率只有26%,但仍是许多“粉丝”眼中的美味。

省畜牧专家介绍,“零号土猪”是鄂西来凤、宣恩一带的特色土猪,多年来,“养在深闺人未识”。农户以传统方法养殖生猪,长期用玉米、土豆、杂粮等天然饲料喂养,肉质清香鲜嫩。“零号土猪”走出大山,不但让城市消费者感受山猪的原汁原味,更是带活了一方经济。

土生土养出美味

“零号土猪”来自来凤县安普罗食品开发有限公司。董事长罗文平是一位70后的土家族汉子,捣腾了十多年汽车配件与销售,他将眼光“定格”在家乡的“零号土猪”上。按照恩施百姓传统喂养生猪的方式,用剩饭菜、玉米、土豆等粮食喂养“零号土猪”。保证全部是土杂猪,饲养7～8个月才出栏,时间比集约化养猪要长一两倍。种猪由公司统一提供,分给来凤、宣恩、咸丰、龙山、鹤峰等地养殖户,以“161模式”饲养。即一户农民养殖6头能繁母猪,每年出栏100头商品猪。

“零号土猪”是国家认定的生猪优良品种。在湖北、湖南等省,年出栏约1 000万头,其系列产品远销湖南、广东等省,还获荣中国农博会金奖农产品、湖北名牌产品等称号。

精心巧卖出高效

“零号土猪”试水武汉之时，便瞄准中高端。在中百等超市内建销售专区和专柜，目前在武汉的中商、家乐福、沃尔玛、大润发等超市有80家分店(图2-25)，每家店一天仅供应4片肉(2头65千克左右的生猪)。为保证肉质的鲜美度，公司配备专业的冷链物流，有几十台专业运输车辆，其中大型运输冷藏车达10台，能保证冻库内温度维持在0～4°，20小时之内产品进入市场。为确保品质，超市专柜还特意加装摄像头，防止店员串货。电脑、电子秤相关数据直接联网总部。

图2-25 “零号土猪”超市专柜

一批刚毕业的大学生被聘来当销售人员，每当新店开业、酬宾活动时，员工便穿上土家服装“西兰卡普”，往往能吸引大批顾客。“零号土猪”不光卖鲜肉，还产出腊肉、火腿等系列产品。热肉(鲜肉)与冷鲜肉达到60%～70%，腊肉等深加工为20%，冻品肉约占10%。

去年，“零号猪”销售突破1.8亿元。年屠宰量达到10万头。今年1～3月，屠宰量达到2.8万头，预计全年将达到12万～15万头，销售额突破3亿元。

(二)案例分析

“零号土猪”为什么能在竞争激烈的武汉市场站稳脚跟，并受到消费者的欢迎，主要有下面几个原因：

1. 生产—加工—销售渠道的畅通

生产方式按照恩施百姓传统喂养生猪的方式，用剩饭菜、玉米、土豆等粮食喂养，饲养7～8个月才出栏，时间比集约化养猪要长一两倍。年出栏约100万头。在大规模生产养殖的同时，公司投资近5 000万元，建成了当地规模最大、标准最高的万吨肉联加工生产线。内联厂加工的“零号土猪”直接瞄准武汉中高端市场，在中百等超市内建销售专区和专柜，在中商、家乐福、沃尔玛、大润发等超市有80家分店。畅通的销售渠道，保证了产品从生产到销售每个环节的高质量、高水平与原生态，这成为"零号土猪"产品成功占领武汉市场最主要的因素。

2. 品种优良

良好的品质是畜产品占领市场的重要条件，"零号土猪"，是"大鄂"二元杂交猪种——以我国地方猪种鄂西黑猪为母本，与大约克公猪进行二元杂交得到的，是恩施来凤、宣恩地区最为常见的山区猪种，该猪种具有肉质优良、耐粗饲等优点。和普通生猪45%～50%的瘦肉率相比，"零号土猪"生长周期慢，膘肥、瘦肉率只有26%，生长时间比集约化养殖长3～4倍，肉质清香鲜嫩。由于家家户户均有养猪传统，当地每年出栏生猪可达100万头以上，是许多"粉丝"眼中的美味。

3. 品牌效应

"零号土猪"养殖历史悠久，是国家认定的优良品种，系列产品于2009年被评为湖北名牌产品，获得第七届中国武汉农业博览会金奖农产品称号，2010年获得农业部农产品质量安全中心颁发的无公害农产品和无公害农产品产地等荣誉称号。公司重合同守信用，2012—2013年度恩施州共有5家企业荣获国家工商总局"守合同重信用"企业荣誉称号，"零号土猪"公司榜上有名，这是该公司连续两届荣获此荣誉称号。优良的品牌与良好的信誉，在经销商与消费者中形成良好的口碑。

4. "公司＋专业合作社＋农户"的经营模式

公司与来凤、宣恩、咸丰、龙山、鹤峰等地专业合作社及养殖户签订养殖合同，以"161模式"饲养，即一户农民养殖6头能繁母猪，每年出栏100头商品猪。按照"八统一"的生产标准，即统一规划、品种、养殖方式、技术服务、防疫、食料配方、加工等。"零号土猪"在养殖中牢固树立现代农业企业理念，坚持做到"三个必须"：一是猪崽必须山林放养至少90天后方可入圈；二是生长周期长，必须达到10个月以上才长成；三是必须以本地当季农作物为食料，以苞谷和红薯为主。科学的经营模式，保证了"零号土猪"的产品质量，铸就了产品"零注水、零病害、零重金属、零药残、零污染、零激素"的优良品质，为产品的畅销打下良好的基础。

5. 冷链物流是畜产品的品质重要保障

为保证肉质的鲜美度，公司花巨资建设冷链物流体系，成立专业的冷链物流部门，配备几十台专业运输车辆，其中大型运输冷藏车达10台，能保证冻库内温度维持在0～4℃，20小时之内产品进入市场。

6. 灵活的促销手段

公司为提高产品销售量，每当新的专柜开业时都要进行促销活动，一批刚毕业的大学生被聘来当销售人员，每次酬宾活动时，员工便穿上土家服装"西兰卡普"，往往能吸引大批顾客的眼球,大幅提高产品的销售量。

(三)任务实施的组织

1.通过对案例的阅读、讲解、分析,让学生掌握开拓畜产品的营销渠道的方法与技巧。

2.通过查找资料,充分了解各种营销渠道之间的优劣。

3.安排分组调查,我们身边有哪些畜产品渠道,每组写一个调查报告。

4.每组选一个代表,把调查报告在全班进行演示与讲解,其他成员补充,全班讨论。

5.安排好每组学生知识点拓展学习,每组学员准备两名同学现场进行课堂分析,全班讨论。

6.以在本地模拟搭建营销渠道的方式进行知识巩固,要求以组为单位,每个同学参与。

三、学习拓展

用上述所学内容,分析以下案例。

案例八

生猪市场行情不景气,灵活经营仍然能赚钱

(武汉农业科技月刊 2015.08.25)

把2头猪崽变成500头很神奇,一年还能挣70万元,这在当地是件新鲜事,她就是黄陂区长轩岭街东风村"武汉市巾帼科技致富带头人"种养家庭农场主,她的名字叫付丹,村民夸她是"摇钱树"。

打工妹到家庭农场主。她曾经是打工妹,做过陪读女,还做过水果生意,后又回家乡自主创业养猪种菜,从最初的2头猪崽起步,如今发展到规模500头猪的一个家庭养猪场,成为家庭农场主。

昨日,笔者在付丹家里看到,正屋墙上挂着醒目的由市新闻出版局授予的"农家书屋"优秀读者荣誉证书。显然,她爱学习农业科技知识,也愿帮村民依靠科学致富。

1982年,出生在黄陂区长轩岭街东风村的付丹,2000年高中没有读完的付丹,辍学到汉口打工,之后又去青山做水果生意,当时经营不错,赚到了她人生第一桶金。2009年,她投入了70万元,租地、盖猪圈,买饲料,进猪仔,办起家庭养猪场。

科学调制“营养食谱”。为了提高她的养猪技术，2010 年，她踊跃报名参加了武汉市农委组织的创业培训养猪班学习，找到科学的喂养诀窍。

生猪肉质好才有市场。为了让生猪肉质好，她每年大面积地种植南瓜、包菜、玉米等含维生素较丰富的蔬菜给生猪进行营养搭配，并且根据不同的天气调整猪的喂养模式，经过细心照料，她家养殖的出栏猪成了闻名黄陂北乡方圆百余里的“抢手货”。

今年 3 月前，全国生猪市场行情一直不景气，她灵机地减少生猪养殖数量，养殖总规模减少到百头，有效规避市场风险。

目前，武汉生猪市场行情日渐趋良好态势，价格每千克上涨到 15 元，而她立马将养殖规模又升到 500 头。

科学的饲养方法，灵活的经营策略，让她能成功避开低谷，取得最好的经济效益。

四、任务巩固

1. 做一次本地畜产品营销渠道的市场调查，了解当地的畜产品市场渠道有哪些？

2. 根据上面的调查结合，进行一次模拟营销搭建的演习，要求全班同学参与。

任务 10　合理运用畜产品的促销手段

一、学习准备

（一）知识准备

1. 畜产品促销的概念及基本方法

畜产品促销方法就是指畜产品生产经营者运用各种方式方法，传递产品信息，帮助与说服顾客购买自己的产品，或使顾客对企业产生好感和信任，以激发消费者的购买欲望，促进消费者的消费行为，从而有利于扩大畜产品销售的活动。畜产品的促销方法主要有以下几种（图 2-26）：

（1）人员促销方法。是指畜产品生产经营者通过派出销售人员与消费者直接对话和沟通，传递产品或服务的信息，促进和扩大销售的方法。人员促销的好处是能够在与潜在购买者的接触中帮助他们发现自己的需求；可以面对复杂的问题提出合理的解决方案；面对面的交往有利于发展与顾客的长期关系；通过探讨购买问题来促成交易实现。人员推销的弊端是推销人员的劳动成本较高。

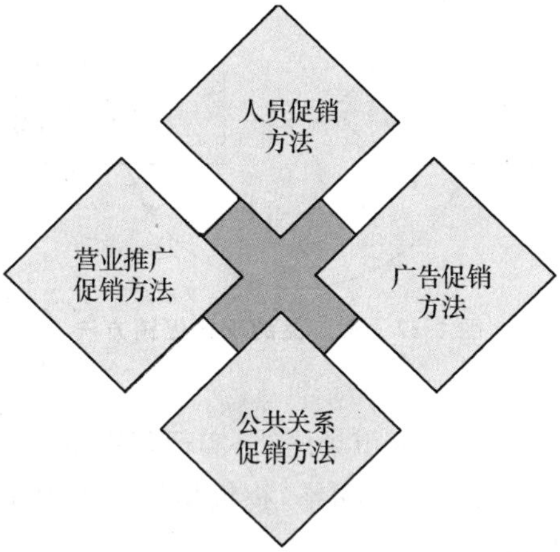

图 2-26 促销畜产品基本方法

（2）广告促销方法。广告促销方法就是通过电视、广播、杂志和报纸等各种宣传媒介，将产品或服务信息传递给消费者的一种推销方式。与人员促销不同的是，人员促销是有针对具体的个人，而广告则是面向广大公众进行促销。使用广告促销有一些明显的好处，因为面对的接收者很广泛，平均成本要比人员促销成本低，而且还可以反复重复。广告的主要弊端是单向的信息传递，不能直接回答潜在购买者提出的问题。

（3）公共关系促销方法。公共关系促销是指企业为了实现自己的长远目标，在进行市场营销活动中，经常主动地与社会公众保持双向的信息交流，采取一系列社会活动，如宣传媒介上刊登介绍性的文章或召开新闻发布会等形式，争取社会公众的理解和舆论的支持，以树立企业的良好形象，从而最终达到促进产品销售的目的。

（4）营业推广促销方法。营业推广又称销售推广，是指能够刺激顾客或其他中间商、零售商迅速和大量购买某种特定产品或服务的活动。主要通过赠品、折价、优惠券等诸多形式，带动新产品的销售和扩大老产品的市场。营业推广，根据推广对象的不同可以分为两种类型：对消费者的营业推广和对推销员的营业推广。

2. 畜产品的现代促销方法

随着现代市场营销的发展和科技的进步，促销方法也呈现多样化的发展（图 2-27）。

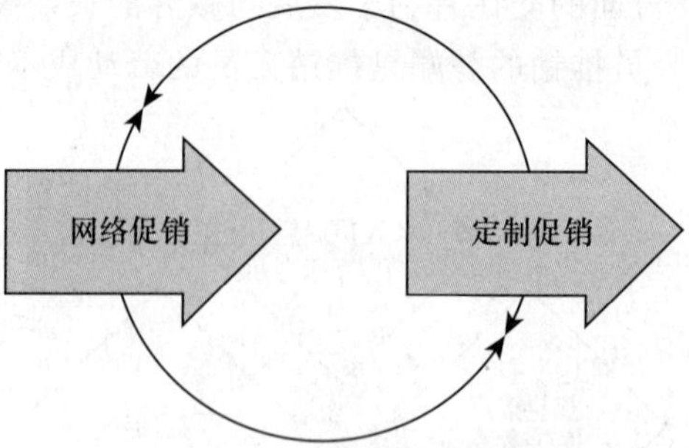

图 2-27　畜产品的现代促销方法

(1)网络促销。既要建立有形市场网络,实行营销多元化,如生鲜超市、批发市场、配送中心等,又要建立无形市场网络,积极推行网上促销,实施电子商务。(本书模块三项目一有详细描述)

案例一

大学生店主网上热卖黑猪肉

(www.ytny.gov.cn　2015.08.06)

"我们选择最快的航空快递,确保48小时之内,让黑猪肉飞上顾客的餐桌。"这是"80后"女大学生创业者隽明明给每一位消费者的承诺。

她经营的淘宝网店被评为"长春市十佳农特产品网店","老隽头"笨猪肉也被评为长春市著名商标。2010年自创店以来,她也曾迷茫过、沮丧过、艰难过,但坚持做好品质,帮助父亲完成生态农业的梦想却从未动摇过半分。

一个"80后"吉林农村女大学生,为什么会对卖黑猪肉感兴趣?又是如何利用互联网打开销售市场年获利100多万元?

为了生态农业梦想,隽明明毅然回到家乡全身心地经营起自家的买卖。起初,创业非常艰难,她在德惠县开了一间很小的门市,但是由于黑猪肉的成本高、价格高,老百姓难以接受,门市冷清。后来开了一个网店,还注册了自己的品牌商标,一位来自长春市想买本地笨猪肉的顾客下了网上的第一个订单,随即打开了"老隽头"笨猪肉的网上销售市场,同时也坚定了她要做好网上销售渠道的信心。

由于定位准确,高品质原生态的笨猪肉受到很多消费者的喜爱,另外重视服务是隽明明非常看重的一个方面,网上销售的不少东西都没有质量的保证,而"老隽头"笨猪肉则凭借"传统养殖+统一品牌包装+完善的售后服务"赢得众多回头客屡屡下单。

“经常听别人说大学毕业回来卖猪肉,这大学白念了。说实话,创业的路上有很多困难和挑战,提高销量需要一个过程,但无论怎样,猪肉有品质保证就会有顾客。”隽明明说。

目前,“老隽头”笨猪肉采用实体与电商齐驱并进发展形势,年利润大约100万元,来自淘宝网络销售的额度大约占总体营业额的1/3。未来还将会更多关注互联网、手机微店等新型传播模式,助力传统农业发展。当问她有什么经营秘诀时,她浅浅一笑说:“传统农业也需要创新,将市场拓展到更大的城市,做生态有机食品,只有心态放平,脚踏实地,不怕吃苦,才会成功。”

(2)订单销售。订单促销对畜产品生产经营者最大好处是产品有稳定可靠的市场,降低了营销成本,提高了经济效益。要想自己的产品获得稳定的订单,畜产品生产经营者首先要看准项目,其次是选好品种,再次是抓好生产。

案例二

订单助“鹅倌”致富

(www.ytny.gov.cn 2015.08.11)

谈到鹅,应由菏泽市定陶县仿山镇游东村的养鹅专业户王世起说起。

8月5日下午4点50分,仿山镇游东村的养鹅专业户王世起像往日一样,用电动三轮车拉了满满一车青草,向鹅群中撒去。养鹅,王世起可有自己的小诀窍,他和别的养殖户不同,别人养鹅都是早晚各喂一次饲料,而他是喂一次青草,一次饲料,饲料也是自己用玉米和豆粕磨制的。这样的饲养模式既能减少饲养成本,还可以延长鹅的产蛋量,增强鹅的肉质感。

王世起养的是江苏泰州鹅,一般饲养6个半月至7个月就开始产蛋,两天产一枚,停止产蛋后再卖掉。问及为什么要养鹅时,他说:“自己走路不得劲,得了骨质增生,都63岁了出去给别人打工别人也不要,也不能干重活,想着就自己琢磨干点啥!”这两年养鸡、养羊都不算好,还是听在江苏打工的亲戚说养鹅也不错,就去江苏看了看。刚开始养了几百只,养了一年下来算算效益还可以,一只鹅净挣80多元,这年就扩大养殖规模,一次养了2 000只。养鹅前期投资成本也不小,一只鹅从小到产蛋也得90元左右,鹅开始产蛋,成本就开始回收,卖一次就是一万多元。除去饲养成本一只鹅能挣80元左右,年利润15万元。

鹅肉是怎么销售的呢?是客户“订单”帮的忙。因为鹅肉的营养价值高,产量又少,本地市场很少有产品销售,所以宾馆、饭店、农产乐等客户纷纷提前给王世起签好订单，销路根本不是问题。

由于产品供不应求，2015 年，在王世起的帮助和指导下，仿山镇由原来的 1 家养鹅户，发展到现在的 5 家专业养殖户，每户都在 1 000 只以上。他也会组织养殖户相互交流养殖经验与防疫技巧，介绍客户与他们签好订单。

(3)配送销售。依托现代电子商务平台与物流配送中心，发展以消费者需求为主的配送营销。畜产品生产经营者可以利用电子商务平台，也可以采用电话订货、传真订货、通信订货等方式进行交易活动，然后由配送中心进行配送。这种方式的优点是充分利用电子商务平台的便利性，把促销网络延伸到每个角落，从而以最低的成本最大限度地开拓了需求市场，获取最大的经济效益。但配送销售也有瓶颈，主要是鲜活畜产品物流存在很大局限性：一是成本高，二是损耗大，三是网点少，四是配送难。但只要畜产品生产经营者充分利用优势，合理规避风险，配送销售的前景是非常广阔的。

案例三

火鸡“啄”开致富门

（www.ytny.gov.cn　2015.08.14）

他曾经养过鹿，也种过地，但却始终没挣上啥钱。从 2010 年，他开始一心钻研火鸡养殖技术，通过两年多时间的摸爬滚打，终于成为远近闻名的“火鸡大王”。他就是友谊农场第八管理区职工李光辉。

现在，只要提及自己养殖的 3 000 余只火鸡和年收入近 30 万元的事儿，48 岁的李光辉总是笑呵呵地说：“这是我以前做梦都没有想到的。当时我从别处买来 10 只火鸡幼仔试养，发现幼仔抗病性强，喜欢吃粗食，饲养容易，10 只幼仔全部成活，而且市场前景比较好。于是，我就买来了相关书籍，一边学习，一边上网查阅资料，还向有丰富养殖火鸡经验的同行现场请教学习交流。”

艺高人胆大，掌握了一整套养殖火鸡技术的李光辉，又不断扩大养殖规模。为了保证火鸡产蛋率高、肉质鲜美，让大家吃上纯天然的绿色放心肉，他还在荒地上新开垦了 15 公顷地，用于种植玉米、大豆等作物。这不仅为火鸡提供了营养丰富的饲草，同时还能将用不完的青贮粉碎，添加少许豆皮子和酒糟加工成营养搭配合理的饲料，降低火鸡养殖成本，缩短火鸡养殖周期。

李光辉养殖的火鸡，不仅产蛋率高，与肉鸡相比，火鸡的肉质略粗一些，但营养价值高，属于绿色原生态食品，被国际营养学家推崇为高蛋白、低脂肪的“超级营养食物”。

为把产品销售出去，李光辉查阅各种信息资料，收集客户群，通过网络、电话联系哈尔滨、山东、大连等省市的一些度假村、农家乐等场所，依托现代物流体系，实行一对一配送销售，受到客户的广泛好评，今年，李光辉养殖的火鸡自上市以来，价格每千克一直维持在20～30元之间，供不应求。

(4)以加工促销售。畜产品经过清洗、包装、配送、保鲜、储藏等加工过程，能提高畜产品附加值，吸引更多的消费者，创造更大的市场。畜产品生产经营者要根据当地市场条件与自身的经济状况，科学选择加工项目，以开拓市场，增加收入。

知识框

享受企业所得税优惠政策的畜牧业类初加工范围(2008年版)

一、畜禽类初加工

1.肉类初加工。通过对畜禽类动物(包括各类牲畜、家禽和人工驯养、繁殖的野生动物以及其他经济动物)宰杀、去头、去蹄、去皮、去内脏、分割、切块或切片、冷藏或冷冻、分级、包装等简单加工处理，制成的分割肉、保鲜肉、冷藏肉、冷冻肉、绞肉、肉块、肉片、肉丁。

2.蛋类初加工。通过对鲜蛋进行清洗、干燥、分级、包装、冷藏等简单加工处理，制成的各种分级、包装的鲜蛋、冷藏蛋。

3.奶类初加工。通过对鲜奶进行净化、均质、杀菌或灭菌、灌装等简单加工处理，制成的巴氏杀菌奶、超高温灭菌奶。

4.皮类初加工。通过对畜禽类动物皮张剥取、浸泡、刮里、晾干或熏干等简单加工处理，制成的生皮、生皮张。

5.毛类初加工。通过对畜禽类动物毛、绒或羽绒分级、去杂、清洗等简单加工处理，制成的洗净毛、洗净绒或羽绒。

6.蜂产品初加工。通过去杂、过滤、浓缩、熔化、磨碎、冷冻简单加工处理，制成的蜂蜜、蜂蜡、蜂胶、蜂花粉。

肉类罐头、肉类熟制品、蛋类罐头、各类酸奶、奶酪、奶油、王浆粉、各种蜂产品口服液、胶囊不属于初加工范围。

二、饲料类初加工

1.植物类饲料初加工。通过碾磨、破碎、压榨、干燥、酿制、发酵等简单加工处理，制成的糠麸、饼粕、糟渣、树叶粉。

2.动物类饲料初加工。通过破碎、烘干、制粉等简单加工处理，制成的鱼粉、虾粉、骨粉、肉粉、血粉、羽毛粉、乳清粉。

3.添加剂类初加工。通过粉碎、发酵、干燥等简单加工处理，制成的矿石粉、饲用酵母。

三、牧草类初加工

通过对牧草、牧草种子、农作物秸秆等，进行收割、打捆、粉碎、压块、成粒、分选、青贮、氨化、微化等简单加工处理，制成的干草、草捆、草粉、草块或草饼、草颗粒、牧草种子以及草皮、秸秆粉(块、粒)。

案例四

一只羊的加工产业链

(新浪网　2012.02.13)

听说养羊也能致富，我们半信半疑。我们一行四人，来到山东阳春羊奶乳业有限公司(以下简称阳春羊奶)进行考察。我们见物见人，方刮目相看，感觉心灵受到了极大地震撼。

说“阳春羊奶”，有一个绕不开的话题，一个不得不说的人物，那就是阳春羊奶乳业有限公司的“领头羊”董玉坤。最初他创建了一个奶牛场开始创业，而天有不测风云，2008年席卷全国的“三聚氰胺毒奶粉”事件几乎让经过几年打拼刚刚步入正轨的企业遭遇了灭顶之灾。消费者都不敢买奶了，产品销不出去，尽管心疼自己的血汗钱，但也不得不把白花花的牛奶倒进地里。历经磨难的董玉坤痛定思痛之后，突然想到转行做羊奶，他联想到在农村，普遍用羊奶代替母乳喂养婴幼儿，说明其营养价值很高。更重要的是，市场上几乎清一色的牛奶，羊奶乳制品非常少。董玉坤查阅了大量关于羊奶的资料。发现在《本草纲目》《千金方》等药学古典中都有记载，称羊奶具有补肾、滋肺、健脾、利肠、养颜的作用。在民间，更是有“羊食百草、其乳滋补；羊氏乳母”的说法。现代医学研究证实羊奶对肠炎、肺炎、肾病、肝病等有治疗和康复作用。欧洲最新研究报道，山羊奶是天然的抗生素，具有抗癌防癌功效。羊奶呈弱碱性，正好与人的酸性体质形成中和，是最接近人奶的乳品。随着我国羊奶脱膻技术的成熟应用，人们对羊奶营养价值的认同及消费意识、消费结构、消费观念发生的深刻变化，羊奶必将成为母乳的延伸，充当起妈妈的角色，引领我国乳业消费新的时尚。

如同发现了一块稀世珍宝，董玉坤兴奋极了。正如山东农业大学教授、国家公益性(奶山羊)行业科研专项岗位专家王建民指出的那样：“中国乳业是一个非常大得市场，只要消费习惯稍稍改变，这就是一个大得不得了的市场。如果‘一只羊的产业链'做好了，以30万只羊计算，这将是一个直接收益超过30亿元的大市场。"

近几年，陆陆续续涉足羊奶领域的企业不在少数，却没有一家企业能像阳春乳业一样能在这么短的时间里发展成一个产业。谈及阳春乳业何以这么快打开国内市场，董玉坤谦虚道：公司的思路是全方位开发"羊的产业链"，把产业延伸到羊胎盘素提取、羊肉分割、羊皮加工，用羊的产业拉动羊奶、羊胎盘素提取、羊肉分割、羊皮加工四个分支，充分把'一只羊的产业链'转起来。羊奶只是这条产业链上的一环，用董玉坤的话来讲，"一只羊的价值远不止羊奶这一点"。

3. 畜产品常用促销技巧(图2-28)

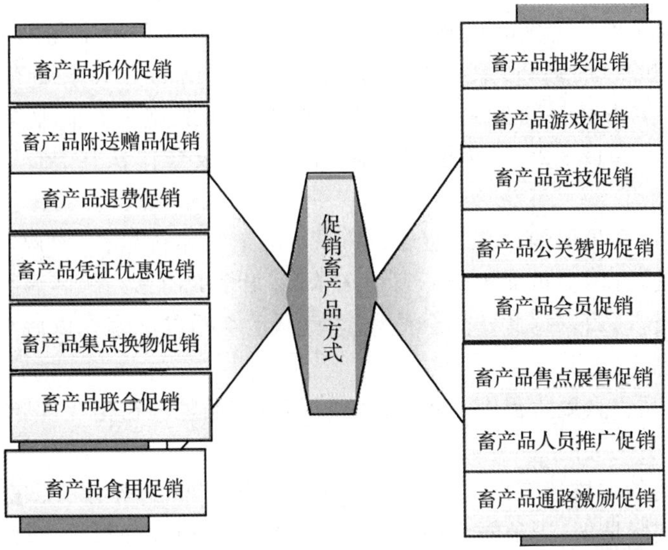

图2-28　促销畜产品方式

(1)畜产品折价促销。所谓折价，就是指厂商通过降低产品的售价，以优待的方式进行销售。一般适用于刚刚上市，急需打开市场销路或者博取眼球和注意力的产品。折价促销方式主要有直接折价、附加赠送和套餐式折扣三种。折价是在产品促销中采取的最常见、也是最有效的促销方法。

(2)畜产品附送赠品促销。附送赠品促销是指在购买产品的同时可以得到一份非本产品的赠送。这种可以适用于不同状况的产品。主要方式有包装内赠品、包装上赠品和包装外赠品三种。

(3)畜产品联合促销。联合促销是指两个或者两个以上的品牌或者公司合作开展促销活动,推广产品和服务,以扩大活动的影响力,提升各自的品牌和服务,同时采取利益分享、费用分摊的原则举行的促销活动。

(4)畜产品食用促销。食用促销是指将产品(一般都是新产品或者试用装)赠送给客户,供其品尝食用,并诱导购买的一种促销方式。该种的方式主要有入户直接派送、户外样品发放、凭券派发礼品等。

(5)畜产品竞技促销。竞技促销活动的方式主要有群众性的竞技活动、智力竞技、一定天赋的竞技和产品消费的竞技活动等。比如很多畜产品养殖场进行的散养鸡抓鸡比赛、土猪赛跑比赛等活动,吸引了消费者的眼球,也增加了顾客的消费乐趣。

(6)畜产品公关赞助促销。公关赞助是指通过赞助某种社会活动,借助良好的社会效应,提高品牌知名度和品牌形象,最终达到促进产品销售的目的,并力争实现产品销售与品牌形象提升的双赢。公关赞助的方式主要有体育赛事赞助,这是大家见得最多的公关赞助方法。如福建趴趴跑生态农业综合开发有限公司正式成为2012—2014年厦门国际马拉松高级合作伙伴、唯一指定肉品赞助商。

(7)畜产品会员促销。会员促销的方式主要有价格优惠、方便购物和情感交流等形式。目前,开展会员促销的厂家越来越多,很多的商家在顾客购物时都会要求填写一张会员卡,商家据此建立会员数据库,成为会员的顾客在以后消费时就会享受到会员优惠。

(8)畜产品售点展售促销。售点展售是指将产品陈列在柜台,以给消费者直观感受,达到吸引购买的目的。

其他常用的方法还有畜产品游戏促销、人员推广促销等方法。畜产品生产经营者要根据实际情况,因地制宜地采取实用有效的促销方法与技巧,以取得最大的经济效益。

(二)资料准备

1. 利用图书馆或资料室以及报纸杂志,查找有关畜产品促销方式的信息资料;

2. 查找本地畜产品促销的相关案例资料,分析其成功或失败的原因,并写出分析报告。

二、任务设计与实施

【任务设计】

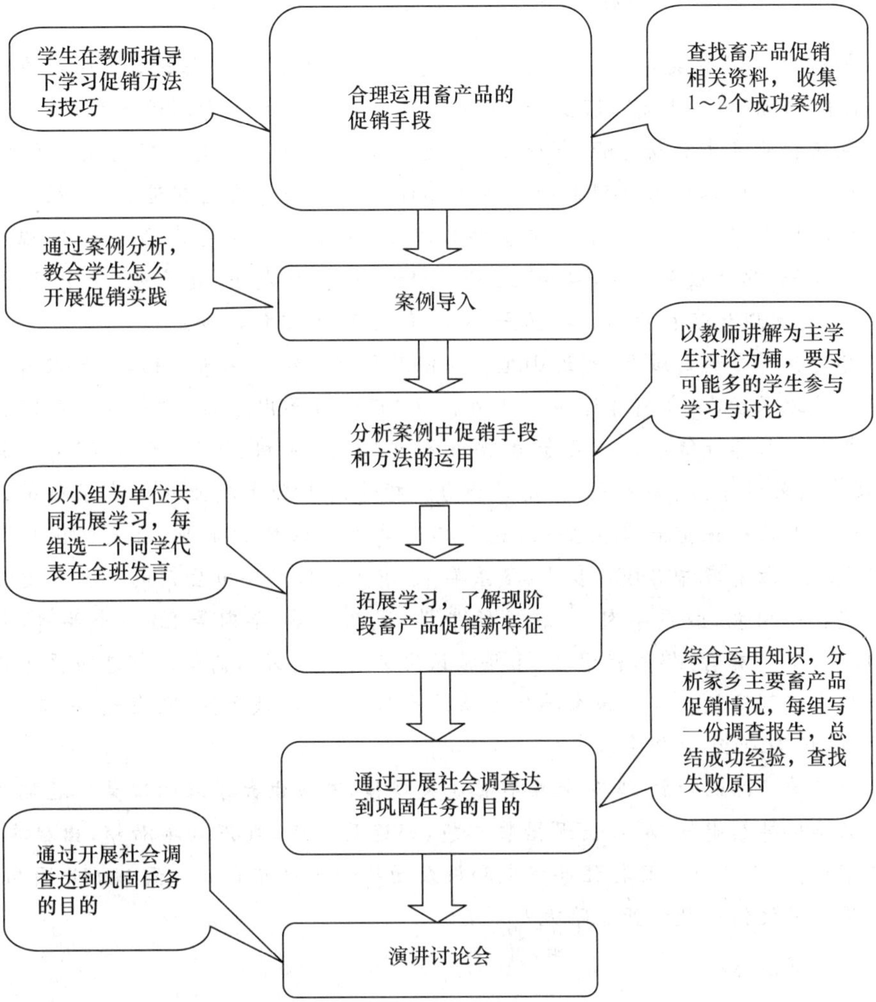

【任务实施】

(一)导入案例

案例五

祁连县多举措积极应对畜产品滞销问题

(海北州人民政府门户网　2015.11.10)

拥有着中国最美草原的祁连县,是青海省主要畜产品基地,全县草原面积1 764.11万亩,羊存栏数117万只,牦牛12.43万头。随着青海纯天然、无污染天然绿色农牧业名声渐渐打响,祁连牛羊肉也成为绿色食品标志。祁连藏系羊肉,获得了国家地理标志产品证明商标。位于祁连山腹地的青海省祁连县,草场资源和畜种资源可谓得天独厚,是青海省重要的畜牧业生产基地和畜产品主产区,以盛产祁连山牦牛、祁连藏系羊而享誉海内外。祁连县将"抓龙头、建基地、扩市场、创品牌"作为发展现代畜牧业的主要抓手,高标准规划,高定位建设。

祁连县对祁连白藏羊、祁连山型牦牛以及乳制品统一注册商标,名优农畜产品实行原产地保护,在全省并逐步向省外设立"祁连藏羊肉专柜"、"祁连山型野牦牛肉专柜",实行祁连绿色畜产品专卖,展示祁连"绿色、有机、保健、无污染"的品牌优势,提高对外竞争力、知名度,扩大影响力。祁连山半野生鹿业基地有限公司是青海省农牧业产业化重点龙头企业,也是祁连县重点扶持的企业,有天然优良草场4 000公顷,放养牦牛3 000多头、藏系羊10 000多只。公司生产的主要肉类食品有八宝牦牛肉丸、藏系羊肉丸、精选牦牛排、藏系羊排、羊肉等20多个品种,年产1 000余吨。"祁青"牌商标于2011年被认定为青海省著名商标。祁连藏系羊肉为地理标志证明商标。祁连藏系羊肉地域范围为八宝镇、峨堡镇、默勒镇、扎麻什乡、阿柔乡、野牛沟乡、央隆乡。

但随着产品的畅销,当地牧民盲目扩大规模,造成供大于求的现象。近期藏系羊产品价格持续走低,群众出现惜售思想,祁连县有近30万只羊滞销,出栏率、商品率下降,对当地政府目标任务完成和群众增收形成双重影响。面对如此困局,怎样运用多种促销手段打开销路呢?

(二)案例分析

针对畜产品滞销问题,当地政府与牧民及时采取促销组合策略,拓宽了销售渠道,增加了产品销售量。

(1)加强市场调查,找出滞销原因。县政府及时成立畜产品销售服务工作小组,研究调查各地牲畜销售市场,找准产品滞销的真正原因。

(2)疏通信息渠道,收集市场需求。为使销售对接工作取得实效,销售服务对接工作组设立5个工作小组,分赴全国10余个省市开展了销售对接工作,在短时间内了解了市场,掌握了信息,为广大养殖户正确研判市场,规避活畜价格波动风险,适市适机出售牛羊提供了及时准确的信息。

(3)拓宽销售通道,增加产品销量。通过本地专业经纪人,积极与新疆地区5名经纪人合作,以活体每千克15.5元的价格在全县范围内开展收购工作。据初步统计,目前已收购藏羊7 000余只。同时组织本地经纪人向甘肃酒泉等地销售羔羊,现场屠宰后以17.5元的价格销售。

(4)激发本地市场竞争活力。对全县探索完善"龙头企业+合作社+农牧户"的利益联结机制,实施"企业品牌+区域品牌"的双品牌发展战略,推广"公司+商标(地理标志)+合作社+农牧户"生产经营模式。一系列的组合拳,充分调动了市场的竞争机制,扩大了产品的市场需求。

(5)通过"订单"促销产品。通过采取以订保销,以单促销,发展新客源的方式方法,由上海新御农农产品有限公司与祁连亿达畜产肉食品有限公司以每千克45元的价格签订收购订单羊排100吨,价值达450万元;宁夏涝河桥清真肉食品有限公司有意向在2016年以高出市场价1～2元价格收购祁连藏羊;山东省曲阜市孔府佳驿酒店商贸公司愿意做祁连藏羊在山东省的总代理;与北京旺达公司达成定向合作意向。

(6)充分发挥品牌效应,扩大市场需求。通过广泛宣传祁连县生产的生态、无公害、绿色、有机畜产品,进一步树立了祁连县畜产品在市场上的品牌,对全县瞄准高、中、低端市场,细分市场对象,细化市场需求,以多元化的优质畜产品供给来满足千差万别的消费需求和千变万化的市场需求。

(三)任务实施的组织

1.通过对案例的阅读、讲解、分析,让学生掌握合理运用畜产品的促销方法与技巧。

2.通过对上述多个案例的比较分析,充分了解各种促销方法之间的利弊。

3.安排分组调查,当地的畜产品生产经营者有哪些促销方法与技巧,每组写一个调查报告。

4.每组选一个代表,把调查报告在全班进行演示与讲解,其他成员补充,全班讨论。

5.安排好每组学生知识点拓展学习,每组学员准备两名同学现场进行课堂分析,全班讨论。

6.以市场调查的方式进行知识巩固,要求以组为单位,每个同学参与。

三、学习拓展

利用以上学习的知识，分析下面案例，找到农家女的致富经验在哪里？

案例六

沂蒙农家女把蒙山草鸡蛋变成致富“金蛋蛋”

（www. ytny. gov. cn　2015.11.12）

初冬时节，记者一行慕名走进蒙山前最大的草鸡蛋集散中心——平邑县卞桥镇“沂蒙好风光”草鸡蛋品牌店，稍事寒暄后，总经理周芳便娓娓谈起了自己的创业经历。

据出生于1972年、本地土生土长的农家女周芳介绍，从2001年她便看好了草鸡蛋销售这一市场，当时她组织了五六个姐妹们，翻山越岭，走村串户，提篮小买小卖蒙山景区里农户自然散养的草鸡所产的鸡蛋，并为其注册了“沂蒙好风光”品牌商标，使蒙山草鸡蛋有身份、有地位的站在了市场上。

“那时候的草鸡蛋市场可谓是一方净土，从未听说过有假草鸡蛋一说，因此购销起来比较省心。后来，随着草鸡蛋市场需求量的不断增大，许多‘聪明人’瞅上了这一市场，开始工厂化养殖草鸡，假草鸡蛋便由此诞生了。”周芳感慨地说。

假草鸡蛋的出现，对蒙山草鸡蛋集散中心的生意提出了新的挑战。为此周芳边干边学，从外观到内里、从口感到味道，反反复复进行对比品鉴。为了做对比试验，她曾经有一次打破过200多枚鸡蛋。

俗话说，功夫不负有心人，经过14年的苦心研究，周芳总结出了一套土洋结合识别真假草鸡蛋的方法，消费者的认可度越来越高，生意自然也就越来越红火。到目前，该公司已发展成拥有集散人员26名、收购网点48个、日集散草鸡蛋一万枚的蒙山前最大的草鸡蛋集散基地。

“明年俺计划再增设收购网点40个，使基地的日购销能力达到2万～3万枚，年销售收入达到五六十万元。让‘沂蒙好风光’草鸡蛋‘飞’出大山，让全国各地的老百姓也尝尝咱‘沂蒙好风光’草鸡蛋的风味。”周芳信心满满地说。

四、任务巩固

1. 经过学习，掌握现代畜产品促销有哪些手段与方法。

2. 通过实践，能熟练运用各种畜产品营销技巧。

3. 组织一次社会调查，对当地畜产品促销手段与方法作一个全面了解，并写出调查分析报告。

任务11　畜产品的合理包装与安全运输

一、学习准备

(一)知识准备

1. 畜产品包装的概念及设计要求

畜产品包装是指在流通中保护产品，方便储运，促进销售，按一定的技术方法，而采用的容器、材料及辅助物等的总体名称。畜产品的包装是畜产品商品的组成部分，它保护畜产品，使畜产品从生产者到消费者的流通过程中，防止生物的、化学的、物理的外来因素损害；它也有保持畜产品本身质量稳定的功能，能方便消费者食用，又能通过外观设计来吸引消费者的关注，具有物质成本以外的价值。畜产品的包装一定要注意以下事项：

(1)执行国家有关的标准、规定。在包装材料、包装形式、商标印制等方面都要严格按照标准执行。

(2)应根据不同的产品特点合理选择包装材料。不同的产品，其自然属性和形态不同，包装应针对这些特点，采用不同的包装材料，如肉类是易腐、怕挤压商品，包装材料则应选用强度大、无毒、无味的材料；蛋类易碎，应选择抗震性能好软性包装材料等。

(3)包装结构、大小要便于产品储运，便于销售，切实保护产品。特别是某些不规范的产品，应注意堆码和根据安全需要，合理设计包装尺寸、形状，形成立体结构；有的产品分解包装，能节省仓容。

(4)包装设计要反映企业产品工艺特点，注意消费者追求新颖、美观、方便、实用、高贵的心理，使包装与商品价值相一致。切忌过分包装，影响产品销售。

(5)尊重民族、风俗习惯。不同国家、民族、地区的消费者对文字、图案、颜色有不同的要求，有的还有特殊的禁忌，畜产品在包装装潢上要特别注意这些方面问题。

(6)提倡绿色包装，保护生态环境。当今社会消费者的环保意识逐步增强，包装物与环境保护直接相关。为保护环境，降低包装成本，畜产品生产者一方面应使用环保包装材料，另一方面可尝试包装物的回收利用与循环使用。

2. 采用消费者最喜爱的包装策略(图 2-29)

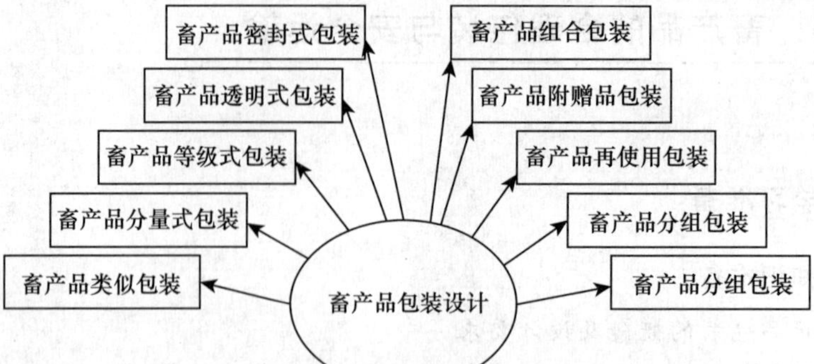

图 2-29 畜产品包装设计

(1)畜产品的环保包装。随着国际上保护环境、爱护地球、节约资源的呼声越来越高,畜产品市场对产品包装的要求也越来越严格。无害化,无污染、可再生利用的环保包装在商品贸易中起着举足轻重的作用。鉴别环保包装的依据是 ISO14000,各国均以此为标准推广环保包装模式。环保包装材料大致包括可重复使用和可再生的包装材料、可食性包装材料、可降解材料和天然纸质材料等。环保包装体现在用料省,废弃物最少且节省能源,易于回收再利用,包装废弃物不产生二次污染。因此,环保包装材料的选择应符合无害化、无污染、可再生利用的基本原则。纯天然的环保包装材料虽然无污染,但商业成本较高,对地球资源也是一种严重浪费。而复合环保材料因具有成本低、无污染、易回收再生等特点,将成为未来环保包装的主流。

知识框

瑞士的环保包装理念

瑞士在绿色包装领域一直走在世界前列,其中值得一提的是瑞士传奇集团在包装理念,包装设计方面的故事。瑞士传奇集团靠“绿色美丽”运动起家,其员工和科研人员大部分都是环保人士,他们推崇一种叫做“大环保”的理念,认为生态环境是人与其他生灵生存与发展的家园,要像爱家一样爱生态环境,因此他们从生产工艺、产品原料到包装都遵循“生态优先”的原则。

所有外包装均用环保纸板,其用于造纸的原料没有砍伐一棵树,大部分来源于生产有机护肤品剩余的天然花草植物纤维,材料耗费少,大约是传统包装方式的1/3,包装材料在自然界可分解,不污染环境,不但符合了循环利用的环保理念,还象征着源于自然,走向自然的人生意境;所有外包装没有用一滴胶和任何黏合剂,全靠纸和纸的相互作用力支撑成形，不但不污染环境还象征了齐心协力，团结互撑共同保护地球的寓意，也象征了创造和锐意进取；外包装纸上不使用化工油墨，简约大方，象征着瑞士学术界一贯的低调严谨作风。此外，包装附加成本小，如人工、运输、排碳等方面。为了表彰该企业在包装设计上的良苦用心和在环保事业上一如既往的努力，Global Green USA 授予他们可持续发展设计奖。

(2)畜产品类似包装。类似包装策略是指某一企业生产经营的畜产品都用相同或相似的包装，各种产品的包装物上都采用相同的外形图案，近似的色彩，共同的特征。这种策略可使消费者识别产品出处，扩大企业声势，促进销售，节省包装设计费用，与企业的品牌策略配合使用会收到良好的效果。

案例一

绿草源食品有限公司的类似包装取得良好效果

(http://www.muslimwww.com/html 2013.01.08)

青海绿草源食品有限公司成立于 1998 年，经过多年的创业，目前已发展成为集牛羊收购、屠宰、精深加工、冷冻冷藏、产品销售为一体的清真牛羊肉专业生产厂家。拥有 2 500 吨冷库，年屠宰牦牛 1.5 万头、藏系绵羊 5 万只，年产“绿草原”牌分割肉、小包装速冻制品、熟制品、牛肉肠系列 4 大类 64 个品种清真制品 3 000 吨，具有口感独特、肉质鲜嫩、营养丰富的浓郁青藏高原特点。

公司技术研发部积极挖掘青藏高原牦牛肉、藏系羊肉高蛋白、低脂肪、天然无污染的原料潜质，先后开发研制了“绿草源”牌精选分割牛羊肉、烧牦牛肉、烧牦牛腱子、手抓烤羊腱、五香牦牛蹄、牦牛肉肠等 4 大类 60 个品种，产量达到 5 000 吨。企业先后被认定为省级“农牧产业化重点龙头企业”和省级“扶贫龙头企业”。通过了“绿色食品”、“ISO 9001 国际质量体系”、“无公害农产品基地”、“有机产品”等多项认证，荣获“青海省著名商标”和“青海省名牌产品”称号。

为强化消费者对品牌的认知，公司对所有产品采取了类似包装(图 2-30)，目前系列产品已覆盖省内大中超市，并销往长三角、珠三角等十多个省份，在消费者心中形成了良好的口碑。

图 2-30 畜产品的类似包装

(3)畜产品等级式包装。为了区别不同畜产品的不同质量，按其质量等级采用相应包装，这是一种常用的包装形式，其目的在于区分产品档次，满足不同层次消费者的需要。下面以鸡蛋包装为例：

一是最常用且销量最大的鸡蛋用最简单的托盘包装。

二是通过在鸡蛋上打上品牌商标，适当提高产品层次与价格。

三是加上有特色设计的外包装，突出品牌与产品特色。

四是高档产品如虫草鸡蛋等，精美包装彰显产品的高品质高价格(图 2-31)。

图 2-31　不同等级鸡蛋的包装

(4)畜产品透明式包装。在包装物上留有“窗口”或用透明材料包装，据抽样调查显示，95%以上的消费者希望看到包装内产品的真实面貌。如果在包装时采用部分透明材料，既可增加美感提高购买者欲望，又增加可信度，可谓两全其美。

(5)设计精美的包装标签。包装标签是指附着在产品销售包装上的文字和图形。产品标签主要包括：制造者或销售者的名称和地址、产品名称、商标、成分、品质特点、包装内产品数量、使用方法及用量、编号、贮藏应注意的事项、质检号、生产日期和保质有效期等内容。值得提及的是，印有彩色图案或实物照片的标签有明显的促销功效。

此外，还有畜产品密封式包装、畜产品组合包装、畜产品附赠品包装、畜产品再使用包装、畜产品分组包装等多种包装策略与方法。畜产品生产者要充分考虑到自身产品的特点、包装成本、市场需求、消费者的爱好等多种因素，选择最合适的产品包装策略。

3. 根据畜产品运输特点选择最佳的运输方式

(1)畜产品多属于季节性运输。畜产品季节性运输比较明显，有旺季和淡季之分。在旺季时，运输量大，运输次数多，产品上市比较集中，收购量相对较大。例如牛羊肉在秋冬季节上市比较集中。畜产品生产经营者要充分考虑到这一特点，提前组织好运输工作：一是提前联系好运输车辆；二是规划好运输线路；三是巧打时间差，降低运输成本。

(2)畜产品不同于一般工业品，多属于鲜活产品，对运输有特殊的要求。一是鲜活畜产品运输要确保产品安全，冬天要做到防冻防寒，夏天要做好防晒防暑，如果长途运输还要准备防病、防疫、饲喂、饮水的条件；二是对初加工的畜产品如肉类的运输要尽量采用冷链运输，以确保畜产品的新鲜与安全。

(3)活的畜禽产品只适宜短途运输。一是随着运输时间越长，安全风险越大，影响到产品运输安全；二是随着运输距离越远，成本越高，影响到产品销售价格；三是畜产品生产相对分散，集运相对困难，所以要本着就近供应，尽可能采取短途运输。

知识框

我国畜产品物流现状

加工产品比例小，活畜所占比例大

发达国家的禽畜产品加工量约占生产总量的70%，而我国长期形成的饮食习惯，导致肉类加工比重目前还不到5%，由于畜产品的保管难度大，提高了物流成本。

冷链体系不健全

我国冷藏保温汽车、火车数量少。禽畜产品的销售环节，部分产品不是直接进入超市销售，而是流入集贸市场拆零散卖，使禽畜产品冷链存在中断现象。禽畜产品冷链体系不健全，影响了产品的质量安全，增加了产品在物流过程中的损耗，提高了禽畜产品的物流成本。目前，我国禽畜产品的物流费用占总成本的70%，而按照国际标准，此类费用最高不超过50%。

法律法规不完善

发达国家和地区对禽畜产品的生产、加工、物流、销售等都制定有严格的法律法规，如德国规定，猪、羊等从出生开始就要挂上相当于其身份证的耳标，由半官方的监督协会按官方的要求填写条形码，屠宰场对要屠宰动物的耳标和条形码进行核对，不相符的不准进入屠宰场。我国目前有关禽畜产品的相关法律只有《动物防疫法》《食品卫生法》《生猪屠宰管理条例》《兽药管理条例》等，而针对禽畜产品物流方面的法律法规尚有待制定。

管理水平低，管理体系不健全

由于缺乏规范的管理体系，管理人员的素质参差不齐。如双汇、雨润、苏食等名牌企业产品在进入异地市场的过程中,都不同程度地遭遇过地方保护主义的困扰。另外,由于管理体制等方面的原因,禽畜产品的生产、加工、流通、国内市场检疫、进出口检疫等环节分属五六个不同的主管部门,政出多门,管理漏洞很多。

(二)资料准备

1.利用网络、图书馆或资料室以及报纸杂志,查找有关畜产品包装和运输的案例资料;

2.调查当地畜产品生产加工企业,写出反映本地特色的畜产品包装与运输状况的调查报告。

二、任务设计与实施

【任务设计】

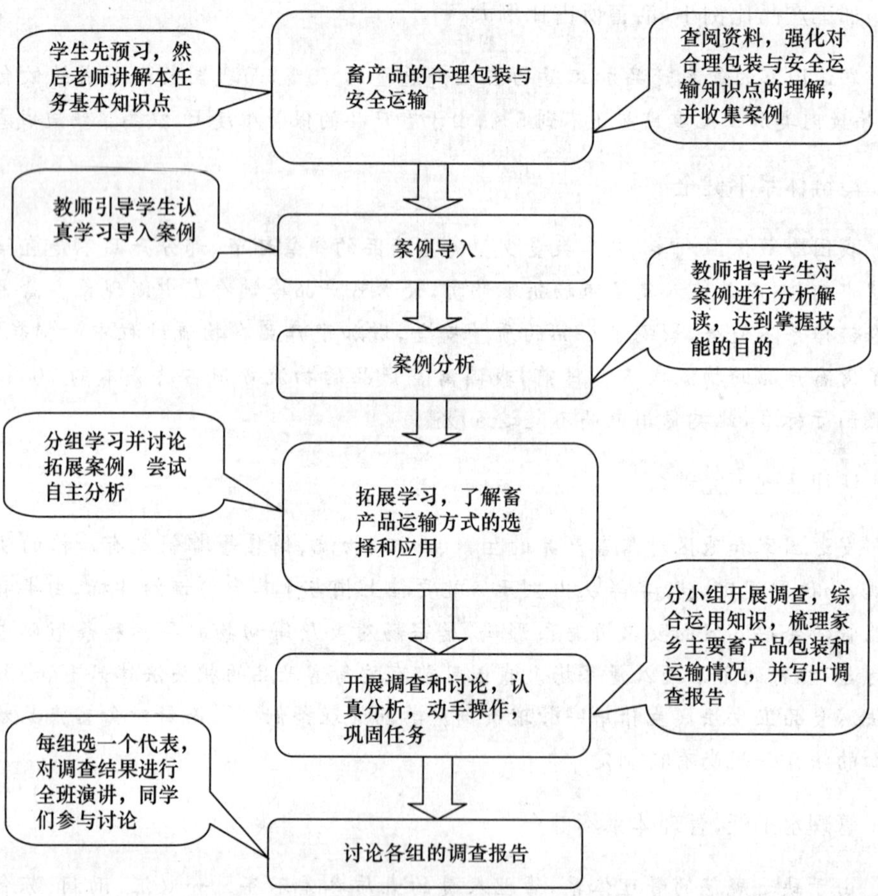

【任务实施】

(一)导入案例

案例二

精美包装出大力 成就伟大小公司

(http://www.classykiss.cn)

“专心致志只做发酵奶、只做最优质的发酵奶、做最好的发酵奶生产企业”。公司从成立之初就是这样的理念,不求多元化经营而求专业专注,一直坚持到今天。这也是卡士能够对抗规模,比它强大得多的国内外奶业巨头的法宝。

太空食品认证“HACCP”确保产品质量

细心的人可以发现,卡士的产品包装上有一个“HACCP认证(‘危害分析和关键控制点’的意思)”标记。按HACCP的标准要求,生产中每一个流程必须合格后才能进行下一个流程,从原奶入罐开始检测,到原奶杀菌,再到发酵成品的控制,包装前的半成品检测,最后成品检测(成品的理化指标进行24小时严格检测),合格后才允许出库进入物流环节。还有一个关键点,从生产到冷库检查,再到车队运输,最后到达终端,全程都必须在2~6℃的环境下,这样才能保证卡士奶的质量安全与口感,卡士专门配备了近50辆运送冷藏车。

欧洲风格包装彰显产品品质特色

酸奶最好的菌种、工艺都是出自欧洲,欧洲形象对维持卡士的高端品牌形象起了很大作用。公司一系列的方案都围绕欧洲风格展开,如传统欧式酵化、独立发酵、传承工艺精髓和限量生产等等。

欧洲风格在卡士包装盒上得到了淋漓尽致的体现。消费者轻轻地沿着“卡士奶”的开口缝合撕开“新鲜屋”,然后用力往反方向一推,像变戏法般打开了“奶盒”。“这个设计必须要用特制的纸才能做到。”王维嘉解释。

包装盒上面的图画是一副马士提夫犬专递新鲜牛奶的场景,为了设计这个图画,王维嘉特意跑到欧洲考察,设计过程中没完没了地挑剔,反复修改。最终的图案是几个设计师一点一点地手工描绘,精雕细琢。正是“卡士奶”在外包装上的别出心裁,让其在众多同类产品中快速突围。

面对面品牌推广效果好

品牌推广方面,刚开始公司资金有限,没有通过报纸、电视台等平台进行大肆宣传，因为这些媒介花钱太大，公司希望每一分钱都能见到效果，“要在消费者面前做宣传”。卡士最初摆在高档酒楼里面，在超市里面陈列、做试饮，这种直接与消费接触的方法精准有效，坚持了多年。后来，公司尝试在广州、深圳和长沙三个城市的一些写字楼和住宅做电梯广告，出入这些场所的人群都是高级白领、金领，广告效果非常好，极大拉动了销售，业绩连续几年快速增长。

打造了一流的营销队伍

每一个“推销人员”都非常熟悉“卡士奶”的内涵价值，这批高素质的“营销队伍”把典雅、高贵的“卡士文化”传递给消费者。当浓郁、稠白的“卡士奶”被盛在高脚玻璃杯中，呈到客人面前时，这份口感、优雅也瞬间定格在消费者的印象中。

总结今天卡士取得的成绩，公司老总用了六个字概括——专心、专注、敬业。对于未来的规划和理想，公司不追求规模多大，而是希望继续专业专注，产品上追求卓越，成为受消费者尊敬的一家伟大的小公司。

(二)案例分析

结合以上案例，分析什么样的包装策略能让你的产品在同类产品中脱颖而出？

1.突出产品特色

经过市场调查发现，消费者日常购物中，有1/3的同类商品会被忽略掉。所以产品想要脱颖而出，必须要拥有一个能够吸引消费者注意力的好“外表”，所谓“人靠衣装、美靠靓装”。只有跳出同类产品的固定包装逻辑，打破常规的产品包装才能更大概率地吸引消费者产生购买动机。因此，我们在策划产品包装的过程中一定要在心中先形成一套有效的视觉策略。案例中“卡士奶”采用的欧洲风格包装对维持卡士的高端品牌形象起了很大作用。

2.彰显品质理念

我们常说一个人的气质是由内到外散发的，所以产品包装除了具备抢眼的外表与方便展示以外，还需要在其包装材料上通过图片和文字向消费者最大化的展示品牌文化和信念，以引发消费者的情感共鸣。“卡士奶”外包装上太空食品认证“HACCP”标识，向每一个消费者展示了产品的高尚品质，为产品赢得消费者的信任打下良好的基础。

3.传递快乐，顾客至上

在商业化气味浓重的今天，快速城市化进程中的人们倍感压力。因此，能给大家带来欢乐和幸福的包装往往会更加吸引消费者。“卡士奶”在这方面得到了淋漓尽致的体现。消费者使用时，轻轻沿着“卡士奶”的开口缝合，撕开“新鲜屋”，然后用力往反方向一推，像变戏法般打开了“奶盒”。公司总经理王维嘉解释："这个设计会让消费者产生快乐情绪，必须要用特制的纸才能做到"。为增加产品的喜剧效果，公司在包装盒上面使用了一张幽默感很强的马士提夫犬专递新鲜牛奶的卡通画。

4. 便于运输，确保安全

我们正处于全新的物联网时代，任何一个产品都需要经过各种交通工具送到消费者手中，所以产品包装一定不能忘记便于运输这个重点。设计运输中的包装时，还需注意如何才能最大利用运输工具中的货物放置空间以提高运输效率，减少运输成本，还要充分保障产品在运输过程中的安全。高效的包装不但能带来经济效益还能减少二氧化碳排放，符合消费者环保理念的包装更能得到消费者的青睐。"卡士奶"的包装设计充分考虑到产品的冷链运输特点，包装好的成品从生产车间到冷库检验，再到车队运输，最后到达终端，全程都必须在 2～6℃ 的环境下，这样充分保证了卡士奶的质量安全与口感，为此公司专门配备了近 50 辆运送冷藏车，确保产品的质量安全。

（三）任务实施的组织

1. 通过对案例的阅读、讲解、分析，让学生掌握怎样选择合理的畜产品包装策略与运输手段？

2. 通过对上述多个案例的比较分析，充分了解各种包装策略与运输手段的利弊。

3. 安排分组调查，当地的畜产品生产经营者有哪些包装策略与运输手段，每组写一个调查报告。

4. 每组选一个代表，把调查报告在全班进行演示与讲解，其他成员补充，全班讨论。

5. 安排好每组学生知识点拓展学习，每组学员准备两名同学现场进行课堂分析，全班讨论。

6. 以市场调查的方式进行知识巩固，要求以组为单位，每个同学参与。

三、学习拓展

学习以下案例，尝试分析小包装肉类产品受消费者青睐的原因。

案例三

肉类小包装产品受终端消费者青睐

（中国食品机械设备网　2015.07.08）

相关数据显示，近十年来，中国人均肉类年消费从 30 多千克增加到 60 多千克。

不过,这一数据与美国人均肉类年消费100多千克相比还有不小差距,而中国拥有13亿的庞大人口数量,从这个角度看,中国肉类消费市场仍有很大的增长空间。正因如此,众多肉类出口国都把中国当作了一个重要的市场。业内普遍认为,在全球肉类行业贸易发展中,中国正扮演着越来越重要的角色。巨大消费市场,转型升级的需求,国内自身的供给量有限,巨大的消费潜力,这都强烈地吸引着众多的国际企业。

目前,向中国出口肉类产品的国家包括美国、加拿大、巴西、乌拉圭、智利、阿根廷、法国、英国、意大利、西班牙、德国、丹麦、澳大利亚、新西兰等19个国家。近几年,在终端市场不少国外肉类品牌标识映入中国消费者的眼帘。

从近五年的进口肉类的途径和形式,我们可以看到,通常国外肉类出口企业是直接出口大的原材料,就是整体分割后,原材料直接供给中国的贸易商或者餐饮、超市。进入2015年后,呈现出更精细化的产品分类。

此外,在外包装上也有所区别。在2015中食展上了解到,不少国外肉类出口商都针对了中国的终端市场提供了更多的零售小包装化的产品。目前,终端市场已出现了越来越多的冷鲜产品小包装,比如超市中的了梅花肉片和五花肉片等,而这样的产品更容易被中国消费者接受。对于这种产品类型的转变,不少进口商表示,以前大多是进口大的分割原材料在国内进行分装。但消费者对食品安全的要求越来越高,所以更青睐于国外原包装的产品。

四、任务巩固

1. 经过学习,掌握畜产品包装策略与运输方法有哪些。

2. 通过实践分析,能熟练掌握和运用各种畜产品包装策略,并能为相应的畜产品找到最安全的运输方式。

3. 组织一次社会调查,对当地畜产品包装与运输现状作一个全面认识,并写出调查分析报告。

五、评价与反馈

教师、学生对本项目的学习过程进行总结,并认真填写本教材最后面的附录一　评价与反馈。

模块三　畜产品实用营销技术

项目一　畜产品的网络实用营销技术

【学习目标】

完成本项目的学习任务后，你应该能

1. 学会运用互联网思维、从客户体验入手重新进行4P(产品、价格、渠道、促销)网络营销策略规划；

2. 掌握畜产品网络营销中各种方法包括：品牌、网页、产品、价格、促销、渠道、顾客服务、SNS营销及颠覆式营销；

3. 学会网上开店、网上营销畜产品等基本方法与技术。

【项目描述】

本项目从畜产品网络营销的成功案例切入，重点解读营销中的品牌方法、网页方法、产品方法、价格方法、促销方法、渠道方法、顾客服务方法、SNS营销方法及颠覆式营销方法；并通过引导学生在淘宝网开店的实训操作，让学生体会网络营销的策略与流程，通过拓展练习，让学生学会用互联网思维对传统的4P营销策略进行深度分析，在网络营销中真正做到"以用户中心、创造极致体验、深入到内心满足消费者"。

【思维导图】

任务12 掌握畜产品的网络营销技术

一、学习准备

(一)知识准备

1.什么是畜产品网络营销方法

网络营销方法是企业根据自身所在市场中所处地位不同而采取的一些网络营销组合,它包括网页方法、产品方法、价格方法、促销方法、渠道方法和顾客服务方法。简单地说,网络营销就是以互联网技术为主要手段进行的,为达到一定营销目的的营销活动。

目前电商、微商的崛起对实体产业造成了巨大冲击,作为传统产业的畜产品营销在巨大的网络营销模式冲击下要紧紧跟上时代步伐,要学会打破传统畜产品线下营销传统,占据网络营销制高点,让畜产品市场越走越开阔,使农民在网络时代获得更大收益。

2.畜产品网络营销与传统畜产品销售区别

(1)传统畜产品从生产到销售,在人力、物力、财力方面都耗费大量成本,而网络营销则大大降低了经营费用。在网络,展示的是虚拟空间,使用的载体是互联网,但面对的是全世界,只需要一台电脑、一条网线,至多再买一台数码相机,就可以实现无店铺销售,不再需要铺面,不存在装潢费用、店铺租金,库存费用也很低;水电费、工资、差旅费、广告费、印刷与邮递经费及商品在途损耗等成本支出也大大减少。

(2)传统畜产品销售地域性较强,客户资源固定且狭小,而网络营销的覆盖面广,拥有大量的客户群。据统计,截至2015年2月,我国上网消费者达到5.6亿人,早在2008年就超过美国,居全球第一位。而近几年互联网的普及,农村网民更是成倍的激增,潜在的消费者市场规模很大,并且会越来越大。互联网的普及扩大了网络营销的覆盖面,为网络营销提供了良好的基础环境,具有很强的市场影响力。因此,要开拓新市场,网络营销是一个极具开发潜力的渠道。

(3)传统畜产品销售一般是早出晚归的销售,而网络营销实现产销结合,网络营销有着无时间限制的全天候经营,无国界、无区域界限的经营特点。发布信息的形式及内容不受时空限制,24小时不间断播放,还可以把广告与订购连为一体,促成购买意愿。企业与区内外企业甚至国际接轨,还可以减少市场壁垒,消除不同地区间时间、地域的障碍。

(4)传统畜产品产业一般就是一锤子买卖,养殖场户把产品销售出去就没了下文,至于产品好还是不好也没有细致的统计,对于积累养殖经验一点益处没有。而现在网络营销提供的不仅仅是销售而且包括售后评价,通过客户对产品用后的评价可以更多地积累产品缺陷,更多地积累养殖经验,从而改善畜产品质量。通过不断改进,养殖场户还可以在网络营销中积攒人气,提升自身品牌知名度。养殖场户还能通过网络及时了解市场需求并及时更新产品或者调整价格,避免市场动荡带来的损失。

(二)资料准备

1.提前在网上搜索与畜产品网络营销的相关案例及视频;

2.查找并列出网络营销与传统营销的异同点。

二、任务设计与实施

【任务设计】

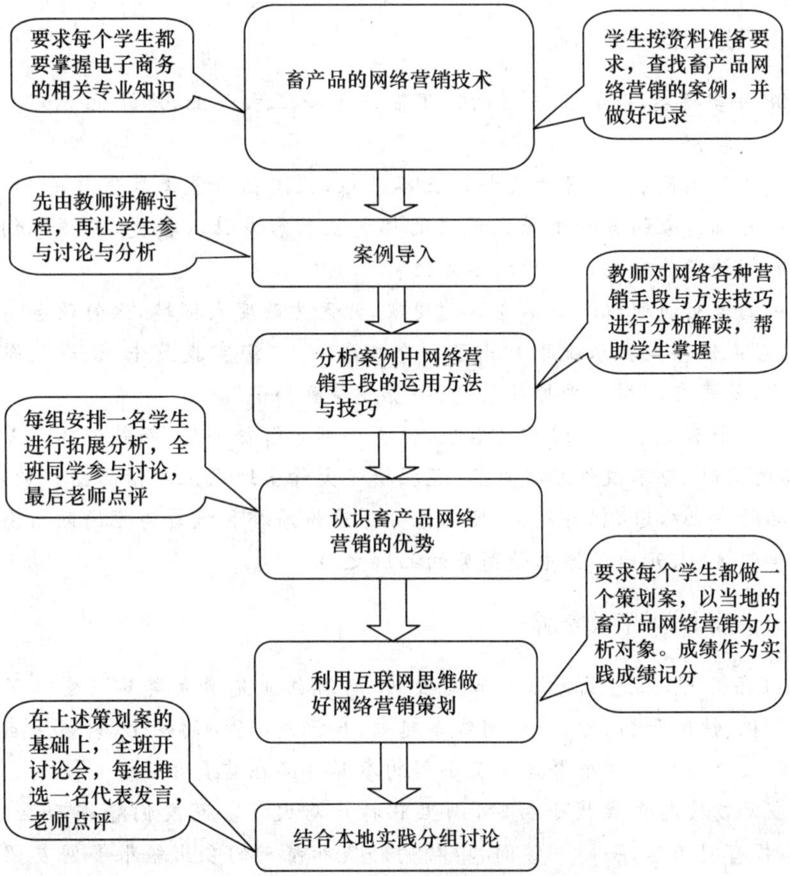

【任务实施】

(一)导入案例

案例一

王小帮的网上创业人生

(http://sannong.cntv.cn 2015.10.29)

10 月 23 日是山西省第四届农博会开幕的日子。记者依约来到展会农产品电子商务展区王小帮的展台采访时,看到人们除了对贴着他头像的蜂蜜、小杂粮、辣椒酱等产品表示出浓厚的兴趣外,还纷纷争着和他合影留念。

2006 年,山西省吕梁市临县木瓜坪乡张家沟村农民王志强,结束了 6 年的北京打工生涯,回到村里,打开一本叫做《网上开店创业手册》旧书时,也打开了自己的另一种人生。

大山里走出的时尚网商

2008 年奥运会期间,王志强的山里旺农家店正式开业,那年他 30 岁,主打产品是当地土特产。

由于地处山区农村,卖的又都是五谷杂粮,王志强只能给顾客发平邮,包装也是村里小卖铺讨来的各种纸箱。低廉的邮费虽然容易让人接受,可顾客们忍耐不了平邮时间的漫长和自己取货的不方便。

面对山里交通通讯物流不发达的现实,他无力改变大环境,只好改善自己的服务态度,后来他甚至在店铺里打出了一个口号——“淘宝我最牛,就我发平邮。淘宝我最穷,就我在山村。平邮最最慢,山货我最鲜……”

这是一个有着企业家潜质的后生,不再去刻意解释缺陷,而是选择了充分说明特点,与此同时,他不仅仅拍摄产品,还拍摄了大量当地风土人情的图片放在网上,彰显产品的乡土味道,打自然牌,博同情分。这份质朴和执着为他的网店赢来了一单又一单的生意,开启了他电子商务的品牌之旅。

网上讲故事,火了农家店

2009 年 2 月,王志强决定参加淘宝网“网络创业先锋大奖赛”,登出了主题为《电脑、相机、铁驴子、山货,一根网线串起来,我就是网商》的帖子,讲述了自己的打拼经历和心路历程。这个署名为王小帮的参赛作品在首页登出。

众多网友按图索骥找小帮时,山里旺特产店火了。网友们蜂拥而至,留言众多,王小帮有问必答,一问一答间,小帮的朴实和特产的乡土给很多网友留下深刻印象,忙至深夜才顾得上填写当天的发货单。后来,访友们的订单也接踵而至。2009 年 6 月 6 日,上千的顾客涌来,王小帮不得不暂停营业,处理前几天的订单。

后来,王小帮的"山里旺农家店"以"我+我的村+照片"的店铺模式,被评为 2010 年度第一期淘宝网络十家"创业先锋奖"之一。这下,他的关注度更高起来。

因电商而改变的生产方式

2014 年,去美国为阿里巴巴在纽约纳斯达克敲钟后,王小帮的名气和生意更是突飞猛进。2014 年,山里旺的销售额达到 640 万元。电子商务改变的不仅仅是王小帮的个人生活,还有他的产业。

当年临县枣业赢得了少有的丰收,枣的丰收没有给枣农带来喜悦,在县里的请求下,王小帮帮助他们在聚划算上开始预售临县红枣,希望能给枣农带来多一点儿收益。

"我主要向选择大户、合作社来下订单,我自己有客户资源,大户、合作社有土地和劳动力,我利用这个平台建立一种农民和消费者的信任关系,然后让消费者出钱,让农民按照消费者的意愿来耕作。"

这意味着,电子商务的阅历,已经让他开始懂得对农业发展方式抬头问路了。

(二)分析案例,掌握畜产品网络营销的形式与方法

1.运用网络营销畜产品形式

(1)畜产品网络营销公司。随着网络营销的普及,一些传统企业走向电子商务,但是由于本身没有专业的网络推广团队,所以把网络推广业务外包给专业的网络推广营销团队或者公司。于是就出现了一批网络营销公司。如上海苏食肉品销售有限公司从事肉类、禽类及其制品的生产、经营和网络销售。这种营销形式比较适合畜产品产量比较大,自身不具备网络营销条件的畜产品生产经营者。案例中,临县枣业大丰收后,临县枣农委托王小帮在聚划算上销售产品,王小帮的"山里旺"网站事实上具有了网络营销公司的部分职能。

(2)畜产品网络品牌营销。畜产品网络营销的重要任务之一就是在互联网上建立并推广畜产品的品牌,知名企业的网下品牌可以在网上得以延伸,一般企业则可以通过互联网快速树立品牌形象,并提升企业整体形象。网络品牌建设是以企业网站建设为基础,通过一系列的推广措施,达到顾客和公众对企业的认知和认可。在一定程度上说,网络品牌的价值甚至高于通过网络获得的直接收益。小规模的畜产品生产者同样要注重网络品牌的培养与推广,相对传统的面对面销售方式,网上消费者更看重畜产品的品牌与顾客评价。所以,畜产品生产经营者要牢固树立品牌意识,确保网络销售产品的货真价实。只有这样,才能逐步在网络市场上站稳脚跟,王小帮在这方面做了榜样。

(3)畜产品营销网页制作。畜产品生产经营者可以选择比较有优势的地址建立自己的网站,建立后应有专人进行维护,并注意宣传,这一点上节省了原来传统市场营销的很多广告费用,而且搜索引擎的大量使用会增强搜索率,一定程度上比广告效果要好。畜产品生产经营者如果没有相关制作网页能力也不用急,可以委托专业公司制作与管理,费用一般以年为单位,根据业务量大小来收取,小规模的只要几百元就可以了,完全可以承受。案例中王小帮由于自学了相关技术,完全自己操作,不仅能节省费用,还能做出“我＋我的村＋照片”的特色与亮点。

2. 畜产品网络营销方法(图 3-1)

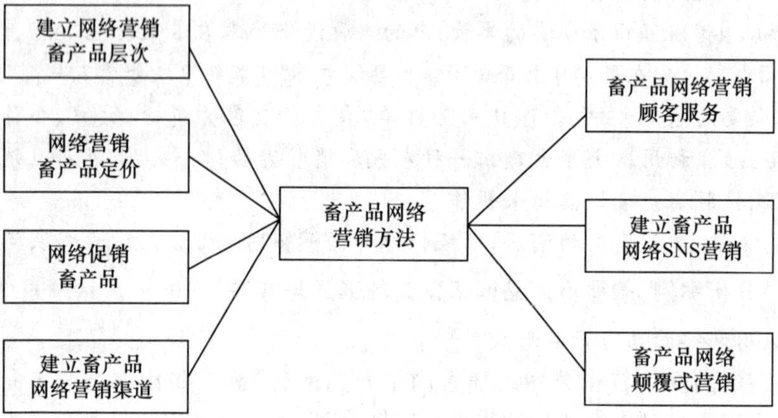

图 3-1　畜产品网络营销方法

(1)建立网络营销畜产品层次。

①核心利益或服务层次。畜产品生产经营者在设计和开发产品核心利益时要从顾客的角度出发,要根据上次营销效果来制定本次产品设计开发。要注意的是网络营销的无限性,在提供核心利益和服务时要针对所有网络消费者。案例中产品的核心利益,王小帮用“山货我最鲜”的打油诗来表达的,牢牢地抓住了消费者的心理需求。

②有形产品层次。对于物质产品来说,必须保障品质、注重产品的品牌、注意产品的包装。在式样和特征方面要根据不同地区的文化来进行针对性加工。王小帮在这方面做得非常有创意,他拍摄了大量当地风土人情的图片放在网上,彰显产品的乡土味道和纯天然的品质。

③期望产品层次。在网络营销中,顾客处主导地位,消费呈现出个性化的特征,不同的消费者可能对产品的要求不一样,因此,产品的设计和开发必须满足顾客这种个性化的消费需求。

④延伸产品层次。在网络营销中，对于物质产品来说，延伸产品层次要注意提供满意的售后服务、送货、质量保证等。畜产品生产经营者初入网络销售平台时，要做好每一单销售业务的售后服务，不管金额大小。这样持之以恒，自己的品牌与消费者的口碑都建立起来了。

⑤潜在产品层次。在延伸产品层之外，提供能满足顾客潜在需求的产品。王小帮的《电脑、相机、铁驴子、山货，一根网线串起来，我就是网商》帖子，能在淘宝网"网络创业先锋大奖赛"中脱颖而出，正是在他抓住了现在消费者对自然环境、天然产品、自强创业的潜在需求。

(2)网络营销畜产品定价。

①低价定价方法。有直接低价定价方法和折扣方法。

②定制生产定价方法。定制定价方法是在畜产品生产者能实行定制生产的基础上，帮助消费者选择个性化产品，同时承担自己愿意付出的价格成本。如天然蜂蜜有很多品种，有菜花蜜、槐花蜜等，网店可以根据消费者的定制需求来提供产品。

③拍卖方法。根据供需关系，网上拍卖竞价方式有竞价拍卖、竞价拍买、集体议价。

④免费价格方法。免费价格方法就是将产品和服务以零价格形式提供给顾客使用，满足顾客的需求。这种方法一般只有在促销时为吸引消费者眼球时使用。

(3)网络促销畜产品。网络促销是利用互联网来进行的促销活动，也就是利用现代化的网络技术向虚拟市场传递有关的服务信息，以引发需求，引起消费者购买欲望和购买行为的各种活动。网络促销形式有四种，分别是网络广告、站点推广、销售促进和关系营销。

网络广告是畜产品生产经营者借助网上知名站点(ISP或ICP)、免费电子邮件和一些免费公开的交互站点(如新闻组、公告栏)发布产品信息，对产品进行宣传推广。

站点推广是利用网络营销方法扩大站点的知名度，吸引上网者访问网站，起到宣传和推广产品的效果。

销售促进是利用可以直接销售的网络营销站点，采用一些销售促进方法如价格折扣、有奖销售、拍卖销售等方式，宣传和推广产品。

关系营销是借助互联网的交互功能吸引用户保持密切关系，培养顾客忠诚度，提高畜产品生产经营者收益率。

(4)建立畜产品网络营销渠道。网络营销的渠道应该是本着让消费者方便的原则设置。为了在网络中吸引消费者，可以根据畜产品生产经营者的产品联合其他生产经营者的相关产品作为自己的产品外延，相关产品的同时出现会更加吸引消费者的关注。为了促进消费者购买，应该及时在网站发布促销信息、新产品信息、生产经营动态，为了方便购买还要提供多种支付模式，让消费者有更加多种的选择，在网站建设时候应该设立网络店铺，拓宽网络销售渠道。

(5)畜产品网络营销的顾客服务。网络营销与传统营销模式不同还在于它特有的互动方式，传统营销模式人与人之间的交流十分重要，营销手法比较单一，网络营销则可以根据自身产品的特性，根据特定的目标客户群来加强互动，节约开支，形式新颖多样，避免了原有营销模式的老套单一化。

(6)建立畜产品网络SNS营销。作为最火的SNS(Social Network Site)社交网站，人人网和开心网一鸣惊人，这几年发展迅速。SNS营销也迅速发展，成为了网络营销新贵。目前，SNS营销主要有以下几种方式：

①植入游戏。目前有多家公司将他们的产品和广告植入到App游戏中，像伊利牛乳成功的把营养舒化乳植入到了人人餐厅小游戏里，这种营销推广比传统营销更加精准有效。

②打造公共主页。自从人人网开发出了公共主页之后，有众多的名人和媒体、企业加入到其中，用户可以成为其粉丝和好友，关注其动态。这就是在培养深度的用户群体，一方面扩大自身的影响力，另一方面可以通过用户之间的口碑传播，吸引更多的用户，加深用户黏度。

③横幅广告。由于在人人网和开心网上活跃的都是大学生和年轻白领，这是电子产品和网上商店的最重要客户，可以为畜产品生产经营者提供了最精准的营销目标。凡客诚品等企业都在上面投放了广告。

④组织冠名活动。还有就是在人人网组织冠名各种活动，一般都是公益性的活动，这样可以聚集大量的人气。

⑤设计与网络购物的深度对接。现代的网络越来越多的内容和行为是由终端用户来产生和主导的，比如博客、微博。设计与网络购物的深度对接一般可以分为两类。一类是专注于商品信息的，比如Kaboodle、Thisnext是比较早期的模式。另一类是比较新的模式，通过社交平台直接介入了商品的销售过程，例如社交团购网站Groupon，我国的辣椒网Lajoy等。

(7)畜产品网络颠覆式营销。企业应跳出此普通层面，以高端的商业策划为指导，突破常规网络营销方法，创造出独特、新颖、创意、吸引、持久的颠覆式网络营销方法，才能做到公司一夜成名、产品一日畅销。

总之，畜产品生产经营者要做好网络营销，必须经历四个阶段。一是把网络平台建起来；二是把自己的网站和平台做大；三是把自己的网站推广出去；四是设计好网络盈利模式并实现长期盈利。

(三)任务实施的组织

在老师的指导下,学员分组学习在淘宝网上开店卖畜产品的方法、步骤与推销技巧。

1. 账户注册

(1)填写信息:我们登录淘宝网页面,点击上方"免费注册"进入淘宝 ID 免费注册页面,填写有关注册信息后提交注册(图 3-2)。

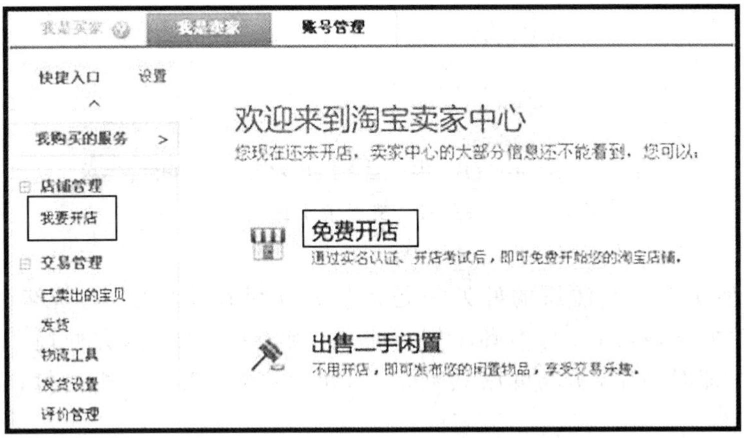

图 3-2　网上开店账户注册

(2)收电子邮件:注册提交后将有以下提示:"感谢您注册淘宝! 现在请按以下步骤激活您的账号!",我们只需要进入我们刚才提交的那个邮箱里面,打开淘宝网发给我们的名为"亲爱的××,完成最后一步,您的注册就成功了!"的确认信件,点击"确认"即可成功注册并使用你的账户了。

(3)支付宝注册:淘宝规定注册使用淘宝的用户须年满 18 岁,且免费注册中你所提供的邮箱将成为你的支付宝账号! 支付宝是国内提供网上支付服务的互联网企业,由阿里巴巴公司创办。支付宝庞大的用户群吸引也越来越多的互联网商家主动选择集成支付宝产品和服务,目前除淘宝和阿里巴巴外,支持使用支付宝交易服务的商家已经超过 20 万家;涵盖了虚拟游戏、数码通信、商业服务、机票等行业。这些商家在享受支付宝服务的同时,更是拥有了一个极具潜力的消费市场。目前已和国内工商银行、建设银行、农业银行、招商银行等各大商业银行以及 VISA 国际组织等各大金融机构建立了战略合作,成为银行在网上支付领域极为信任的合作伙伴(图 3-3)。

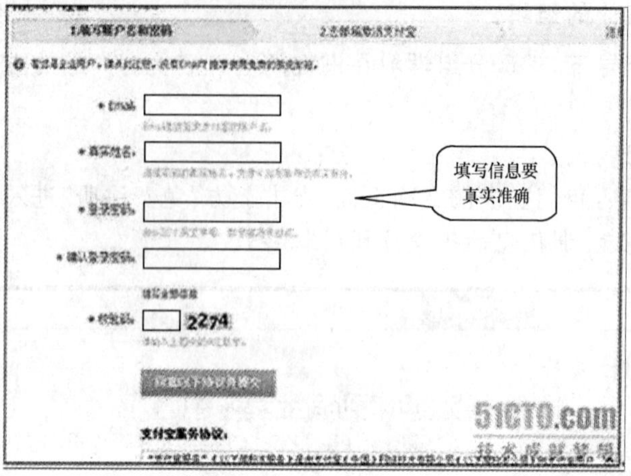

图 3-3 支付宝注册

买家使用支付宝注册的好处一是货款先支付在支付宝，收货满意后才付钱给卖家，安全放心；二是不必跑银行汇款，网上在线支付，方便简单；三是付款成功后，即时到账，卖家可以立刻发货，快速高效；四是在线支付，交易手续费全免。

卖家使用支付宝注册的好处一是再不用跑银行查账了，支付宝告诉您买家是否已付款，可以立刻发货，省心、省力、省时；二是账目分明，交易管理帮您清晰地记录每一笔交易的交易状态，即使有多个买家汇入同样的金额也能区分清楚；三是支付宝认证是卖家信誉的保证 。

支付宝的激活：当你点击“确认”按钮，成功注册了淘宝账户后，我们可以在注册成功提示页面的安全交易里面看到支付宝的一些内容，支付宝账户名就是你提供的邮箱名，支付宝登录密码与您的淘宝登录密码相同，不是你的邮箱密码。支付宝账户激活方法是点击“点此激活支付宝账户”按钮，进入支付宝登录界面，再输入支付宝登录密码和页面验证码进入信息填写页面，我们开个人店铺就选择个人，填写好个人信息和设置好支付宝账户信息后，点击“保存并立即启用支付宝账户”按钮，即可看见系统提示：恭喜！您已成为支付宝会员！（注册为支付宝会员之后，便要去银行办理“一卡通”业务，即“银行卡绑定支付宝”后才能进行网上交易。）将来如果你要去外省长期生活，也可在你原先办理“一卡通”业务的银行柜台进行“取消银行卡绑定支付宝”的业务，再用原来的支付宝账号到外省使用，这样就避免了异地取款要收手续费的尴尬，所以此时“取消银行卡绑定支付宝”就显得划算一些。另外，许多买家和卖家都喜欢在“支付宝网”上用支付宝绑定自己的手机号，这样买家就可以从发来的信息里知道卖家发货了没有，卖家也可以从发来的信息里知道买家的付款到账了没有。

注册支付宝应注意：个人信息所提交的真人姓名和证件号码上的姓名必须一致，请如实填写，个人信息在本次提交后无法修改，填写错误会影响您的付款或收款！设置支付宝账户信息时，登录密码和支付密码不能相同，且注册时密码较多，需要我们牢记，否则无法完成交易！

支付宝个人实名验证：在我们拥有自己的淘宝账号和支付宝账号以后，我们要想开家店铺卖东西就必须先进行支付宝认证。我们选择支付宝个人实名认证，点击蓝色的“请点击这里”按钮进行支付宝个人实名认证，我们接受条款后，是支付宝个人认证所需要的 3 个步骤：填写个人信息 → 提交身份证件 → 银行账户核实。资料都提交后，前 2 个步骤的状态会变为：“您的信息已提交，点此修改资料”，我们可以随时修改我们能修改的信息，第三部分银行账户核实的状态会变为：“等待支付宝公司汇款”。为了验证你所提交的银行卡是否有效，支付宝公司会在 2～3 个工作日内向你的银行卡上汇 1 元以内的人民币等待你确认它所汇的金额，此时第三部分状态会变为：“支付宝公司已向你卡上汇款，等待你确认”，如果确认钱数正确即可通过验证，所以你一定要查清你提交资料时你银行卡上的余额。例如：你提交资料时银行卡上余额为 500 元，当状态提示为“支付宝公司已向你卡上汇款，等待你确认”后，你便可以去查一下卡上的钱了，假如你查后发现余额变为 500.12 元，这就说明支付宝公司向你的银行卡上汇了 0.12 元，你只需要进入确认页面输入 0.12 元，点击确认即可！以上 3 个审核通过后，支付宝个人实名认证便通过了，你就可以以一个独立的有权个体在淘宝上进行交易活动了！

2.免费开店准备

完成了以上申请与验证工作，你现在只要上传 10 件畜产品就可以免费开店了！

在淘宝网上上传畜产品：进入淘宝网页面，ID 登录后，点击页面上面“我要卖”——“一口价”便可以上传了。当我们点击“一口价”后，我们看到的是一个要选择分类目录的操作页面，比如我们上传“瀞县黑猪肉”这件畜产品，我们只需在搜索中输入关键词“黑猪肉”便可看到所有与黑猪肉有关的分类，我们选择最合适的一类，点击下面的“确认”即可进入物品上传详细情况输入页面，具体情况可以根据你自己的物品详细信息进行商品登陆。所登陆畜产品的标题、图片、描述、数量、一口价格以及畜产品所在地都根据实际情况填写，可以加上自己的艺术成分哦。“开始时间”建议你选择“立刻”，“有效期”建议你选择“7 天”，畜产品“新旧程度”新的物品你选择为“全新”,“运费”选择为“买家承担运费”,具体邮费可以参考你选择的冷链物流公司的网站提供的有关邮费详细资料,其他内容可以为系统默认的选项。所有内容都完成以后,点击下面“上传物品”,等待系统提示“上传物品成功”便完成了一件畜产品的上传。我们可以在“我的淘宝”→“出售中的宝贝”里面查看我们刚上传的畜产品。如有修改,可以点击物品后面似“记事本”图标的按钮即可进入修改。依照上面的方法,我们成功上传10件畜产品后,点击“我的淘宝”→左边的“免费开店”即创建自己的店铺了。

在淘宝网上上传畜产品应注意:我们在上畜产品时,有“一口价”和“拍卖价”两种之分,一口价就是你定的那个价格就是别人直接购买的实际价格,而拍卖价格是从你的起拍价格开始,在7天内或者14天内有买家出价,7天或者14天过后,出价最高者获得你的畜产品。因为拍卖有很多方法要学,所以在开店之初,建议初学的卖家以一口价上传畜产品;在进行畜产品上架之前,我们需要对畜产品在淘宝上进行分类,因为淘宝系统会根据畜产品名称的关键字进行自动对我们的物品进行扫描工作,如果分类错的太大的话,我们的畜产品会被自动下架的,当自然季度内,由于违反商品发布规则,累计满30件将会被处罚限制交易1周,满60件会限制交易1个月;卖家们在上物品时尽量更换为自己的个性名称,比如名称前加上修饰语等,这个可以增加买卖的成交率。

3.构建店铺框架

当我们点击“免费开店”后,我们会进入“我的店铺管理”的“基本设置”页面(也可以在点击“免费开店”后通过点击“我的淘宝”→“管理我的店铺”→“基本设置”进入),我们可以给我们的店铺想一个个性、新奇或者让别人一看就知道你卖什么的店铺名。在“店铺类别”里面选择你想要卖畜产品类型的大分类,在“主营项目”里面填具体的小类型,同时我们也可以在“店铺介绍”里面大致介绍下你的小店,让买家看到后对你的店铺感兴趣,可以增加买卖的成交率!再后我们可以给自己的店铺上传一个“店标”。店标图片是您店铺的标示,一个好的店标图片可以提高您店铺的浏览率。目前店标图片支持gif和jpg格式,大小限制在80 K以内,尺寸为:100 * 100 px。图片准备好后,点击浏览,把图片传上去即可。最后我们可以把自己的“公告”内写上内容,这些内容在修改后将在我们店铺的公告栏内滚动,这样买家进入你的店铺就可以看见你要发布的店铺信息,比如最新进了哪些新东西,有什么优惠,以及写上你的联系方式,买家在想要买物品时和你联系等。一个个性化的店铺公告,能吸引买家的注意力,达到更好的促销效果。

所有都完成后,我们点击“确定”即可以完成店铺框架的构建,以上所填写内容都可以通过“我的淘宝”→“管理我的店铺”→“基本设置”进入进行修改。

4.掌握畜产品网络开店营销实施方法

(1)畜产品目标消费者。进行网络营销,首先应找到目标消费者在哪里。毫无疑问,对于综合性网站和专业网站,其消费者的定义是不同的。然后,需要进一步接近和了解消费者,并学会和他们一样进行思考,进而找到有效的、互动的沟通和传播途径。

(2)畜产品成本。人们在进行营销方法的传播过程中,不断地琢磨出新的营销怪招:价格的定位术、消费者行为理论、市场定位术、传播的一致性、非正式价值方法等。然而同时发现:消费者有时并不注重价格,甚至忽略成本,“实惠”有时并不是消费者唯一的要求。

(3)方便性。方便性方法指的是不强调固定的分销渠道,而重视消费者购买商品和享受服务的方便性。一切以消费者的方便与否为中心开展网络营销工作。方便性是网络企业竞争力的又一关键点,是网络营销中诠释“消费者就是上帝”的又一基本表现。

(4)沟通。网络企业一次又一次的尝试多种营销手段时,经常发现不完全奏效。消费者往往一“点”而过,一“击”不回。这是为什么?到底是传播的方式不对,还是互动手法存在问题?所以,最后应提出沟通方法,这是营销传播的更高层次,其实际就是双向传播。

(5)畜产品创新。网络营销区别于传统营销的根本点是网络本身的特性和网络顾客需求的个性化,网络营销必须从网络特征和消费者需求变化这一基础出发,运用网络整合营销、“软营销”及网络直复营销等新营销理论,进行营销方法创新。

(6)畜产品网络整合营销。所谓网络整合营销,是指由于网络营销信息的双向互动特性,使顾客真正参与到企业的整个营销过程成为可能,顾客参与的主动性、选择性加强,顾客在整个营销过程的地位比传统营销更进一步得到提高。

(7)畜产品软营销。所谓“软营销”是指在网络营销环境下,企业向顾客传送的信息及采用的促销手段更具理性化,更易于被顾客接受,进而实现信息共享与营销整合。网络发展的基础是信息共享、降低信息交流的成本以及网络访问者的主动参与,这就决定了在网上提供信息,必须遵循网络礼仪。网络礼仪是一切网上行为的准则,以体现网络社区作为一个具有社会、文化、经济三重性质的团体,是按照一定的行为规划组织起来的,网络营销也不例外。可见,“软营销”观念的特征主要体现在遵守网络礼仪的同时,通过对网络礼仪的巧妙运用留住顾客,并建立起对企业及产品的忠诚意识,从而获得最佳的营销效果。

(8)畜产品网络直接营销。网络直销是指生产厂家通过直接分销渠道,直接销售产品。目前常见的做法有两种:一种是企业在因特网上建立自己独立的站点,申请域名,制作主页和销售网页,由网络管理员专门处理有关产品的销售事务;另一种是企业委托信息服务商在网站上发布相关信息,企业利用有关信息与客户联系,直接销售产品,虽然在这一过程中有信息服务商参加,但主要的销售活动仍然是在买卖各方之间完成的。

①折扣营销。折扣营销方法简单说就是给产品打折,这是常用的促销方式,折扣营销,迎合了消费者少花钱的心理,所以,这一方式在销售上也是比较有效果的。

②赠品营销。在一款新产品推出之前,做一些赠品的小件,这样分发给广大消费者,强化产品意识,而且能不断地提升产品的知名度,产品的知名度提升了,就能够带动部分消费群体开始关注并使用产品。

③积分营销。积分营销方法能够稳定很多的顾客群体,通过积分的积累,制定一定的奖励措施。消费者通过多次购买或多次参加某项活动来增加积分以获得奖品,积分越来,所得到的奖品就越多,这样一来,经营者可以达到多销售产品的目的。

④全力优化网络。通过关键字的优化,让更多的消费者了解产品,通过论坛、邮件、QQ群发软件等一些媒介工具,不断地向消费者传输产品的信息。

⑤开展活动营销。利用重大节庆日,开展优惠销售,这样更能调动更多的消费者前来参与,有效的达成了产品的销售。网络营销的方法是有很多种的。

三、学习拓展

认识畜产品网络营销的优势

(一)大大降低经营成本

在网络,企业展示的是虚拟空间,它使用的载体是互联网,但面对的是全世界,只需要一台电脑、一条网线、一台数码相机,就可以实现无店铺销售,不再需要铺面和仓库,不存在装潢费用、店铺和仓库租金,库存费用也很低;水电费、工资、差旅费、广告费、印刷与邮递经费及商品在途损耗等成本支出也大大减少。

(二)网络营销的覆盖面广,拥有大量的客户群

中国互联网络信息中心(CNNIC)发布的第36次《中国互联网络发展状况统计报告》显示,截至2015年6月底,中国网民数达6.68亿,互联网普及率48.8%;手机网民5.94亿,手机作为网民主要上网终端的趋势进一步显现。农村网民数量达

到5 262万人。7 300万新增网民中的4成,即有2 917万来自农村,潜在的消费者市场规模很大,并且会越来越大;我国企业接入互联网的比例约为86.7%,其中69.1%的企业建立了自己的网站。互联网的普及扩大了网络营销的覆盖面,为网络营销提供了良好的基础环境,具有很强的市场影响力。因此,要开拓新市场,网络营销是一个极具开发潜力的渠道。

(三)网络营销促使产销结合

一是网络营销有着无时间限制的全天候经营,无国界、无区域界限的经营特点,可以提供给企业全天候的服务,发布信息的形式及内容不受时空限制,24小时不间断播放,还可以把广告与订购连为一体,促成购买意愿。

二是企业与区内外企业甚至国际接轨,还可以减少市场壁垒,消除不同地区间的公司因时间、地域的障碍而影响销售。

三是企业能够随时随地通过互联网传输文字、声音、图像及视频等产品信息,及时反馈、收集客户的意见和要求,以便及时对产品及服务进行调整,并且可以进行无限次地更新和维护。消费者可通过网络快速地查询企业的有关信息,企业能够通过网络及时了解市场需求并及时更新产品或调整价格。

通过网络的独有特点,可以帮助企业更好地促进销售,从而提高企业产品的市场占有率。

四、任务巩固

学会用互联网思维做好产品营销策划

随着互联网和移动互联的飞速发展和广泛应用,互联网已经成为全球性的迅捷和方便的信息沟通渠道。更重要的是互联网思维对品牌营销的影响更大。当前国内已经有很多比较成功的企业基于互联网营销思维创新取得很好的成绩。

知识框

互联网营销创新基本要素

(1)互联网思维从营销观念、思考方式、行为习惯以及营销策略等方面改变经营者原有的思维模式。传统媒体如纸媒、电视等日趋势微,新媒体如互联网、移动互联网等迅速发展已经超过或正有取代之势已成为不争的事实。

(2)互联网思维影响营销传播方式的变化,使得互联网和移动互联下产生了很多新的营销模式，如精准广告、电子商务、网络社区、网络视频、盒子、网络电视等等。

(3)互联网影响下的社群形成造就了一个个的神话，使得经营者对消费者主体或主体性的重新认识。

从营销角度讲，互联网思维就是：以用户中心，创造极致体验，深入到内心满足消费者。今天害怕被颠覆的人，一定要研究互联网思维，如果你不学习、不研究互联网思维，你的企业迟早会被颠覆。

互联网思维营销创新有三大核心要素：

(一)策略为纲

策略既然是企业生存之道、制胜之道，其实没有一定之规和既成之法。在网络营销不同的模式、不同的企业、不同阶段都有不同的策略，企业需要根据自身的实际资源来发挥自己的优势，理清自己的策略。

在网络营销项目前期，企业需要在分析后确定自己网络营销的模式：是做网络零售还是招商加盟，是做淘宝还是自建 B2C 商城，是利用网站推广在线下成交订单还是做品牌传播，不同的行业不同的企业适合不同的模式。

确定模式后，就一定要问自己几个问题，我的客户在哪里？他们关心什么？我的核心优势是什么？客户凭什么选择我而不选择竞争对手？其实这些问题，企业在做传统营销就应该非常明确。接下来就是怎么找到我们的客户？怎么将这些东西告诉我们的客户？是否要建设网站？如果建设网站怎么展示卖点和核心优势？这就是产品品牌策略、网站策划策略和网络传播推广策略。这些具体策略对于项目来说，是项目总体策略的执行，对于网站来说，是网站建设的总体策略。

至于网站结构、视觉表现、体验流程、网站布局、页面规划等因素和网站功能技术规范方面只是总体项目策略在网站的具体布局执行而已。在网络传播策略规划时，策略表现就是“找对人，说对话，说得很有吸引力”。在众多的传播方法手段中，都离不开这条传播策略总规定，不管做 SEO、博客营销、论坛社区推广还是其他什么方法，都需要先找到传播目标对象，然后针对性的传播。可是现实中，我们很多企业、很多网络营销传播工作者，忽略这一策略，没有明确找到目标受众，却一直乐于尝试各种手段，不把精力放在怎么设计传播内容上，却到处贴垃圾广告。事倍功半，到头一场空。

(二)创意为王

创意是传统的叛逆；创意是打破常规的哲学。一般传统中小企业在网络营销中的创意主要用在产品销售、品牌策划和网络传播中。比如，产品销售力提升，网络传播软文和事件话题营销等。

(三)系统制胜

需要注意的是,系统一定要根据策略来构造,否则就不匹配。要建立良好的网络营销运营系统,首先就要求项目负责人对项目策略、各模块流程细节、团队组建、岗位需求、管控系统等都要深入了解,甚至都亲自操作过;其次是团队、流程的整合能力要很强,否则基本可以宣告项目失败。错误主要出现在岗位配备、人员配备和完成策略需求的岗位技能不匹配。比如:明明做网络零售,需要商品运营促销人才,却招了个搞门户平台推广的人;明明做淘宝推广,却弄了个擅长做SEO优化的;明明需要的是懂营销懂传播的文案人才,却弄了个只会写资讯的编辑;明明需要一个文字功底好的编辑人员,却找了个只会到处发链接、发广告的推广操作人员。

网络营销策划这三大核心要素,同时也是一个网络营销人员必备的技能素质。

五、评价与反馈

教师、学生对本项目的学习过程进行总结,并认真填写本教材最后面的附录一 评价与反馈。

项目二　几种主要畜产品实用营销技术

【学习目标】

完成本项目的学习任务后，你应该能

1. 认知我国几种主要畜产品生产的现状；
2. 掌握我国几种主要畜产品的生产特点和消费特点；
3. 掌握我国几种主要畜产品流通、消费的发展趋势；
4. 根据畜产品的生产消费特点和发展趋势制定合理的畜产品营销方案。

【项目描述】

本项目主要介绍我国几种主要畜产品的生产现状，以及它们的生产特点和消费特点，掌握几种主要畜产品的流通和消费发展的趋势，结合案例，分析几种主要畜产品的营销技巧，以及营销过程中所使用的独具特色的营销方法，以指导畜产品生产经营者在市场经济实践中灵活地运用。

【思维导图】

任务13　肉类及产品市场营销技术

一、学习准备

(一)知识准备

1. 肉类及产品特性

(1)肉类产品划分。肉类产品按畜禽品种划分,可分为畜肉、禽肉和杂畜肉三大类。肉类产品按加工处理情况划分,可分为生肉、熟肉和肉制品三大类。

(2)肉的定义。广义讲,凡作为人类食物的动物体组织均可称为"肉"。狭义地讲,"肉"指动物的肌肉组织和脂肪组织以及附着于其中的结缔组织、微量的神经和血管。

瘦肉、精肉:去掉脂肪的肌肉组织。

肥肉:主要指脂肪组织。

红肉:通常把牛羊肉、猪肉称为"红肉"。

白肉:把禽肉和兔肉称为"白肉"。

白条肉:畜禽屠宰后的胴体。

下水:屠宰后的动物体的内脏。

禽肉:鸡、鸭、鹅等禽类的肉。

野味:野生动物的肉。

鲜肉:刚屠宰后不久的肉。

冷却肉:经过一段时间的冷处理,使肉保持低温(0～4℃)而不冻结的状态。

冷冻肉:经低温冻结后的肉。

(3)产肉的性能指标。

①屠宰率:指胴体占宰前空腹重的百分比。

②瘦肉率:指瘦肉(肌肉)占胴体的百分比,是反映产肉率和胴体品质的重要指标。我国地方猪种瘦肉率一般在40%～50%之间,而良种瘦肉型猪在60%以上,杂交商品猪在55%左右。

③肥度:指肉用畜禽的肥胖程度。指第六与第七胸椎连接处的背膘厚度。

④肉品质:评定肉品质的指标很多,主要包括肉的颜色、嫩度、保水性能(系水力)、肌肉脂肪含量(大理石状)、肉味和pH等。

(4)鲜猪肉、冻猪肉的区别。

①鲜猪肉、冻猪肉的区别。一般来说,生猪屠宰加工后,猪肉要在0～4℃低温环境下进行一定时间的冷却排酸,也就是肉的自然成熟过程,这个时间一般需要2～3天,经过自然熟成后的猪肉嫩度和风味得到一定程度的改善,加工后汁鲜味美,营养保存最好。

热鲜肉是指传统的凌晨宰杀、清早上市、不经冷却加工的畜肉,屠体僵直过程中产生的热量,加上牲畜屠宰后自身免疫机能的丧失,为细菌的存活和繁殖提供了条件。

冷冻肉是指将肉置于－18℃以下或更低的温度环境中冷冻并保存的畜肉。微生物的生长繁殖受到抑制,但解冻时营养成分会流失,并且风味也会下降。

冷鲜肉(或称冷却肉)指按照严格的宰前检疫、宰后检验的加工要求,采用科学的屠宰加工工艺,在低温环境下进行分切加工,使屠体或后腿肌肉中心肉温在24小时内迅速降至0～4℃并在以后的加工、运输、销售环节中始终保持0～4℃的冷链的一种新型预冷加工肉。

②冷鲜肉的优点。从营养风味上讲,通过自溶酶的作用,可使部分肌浆蛋白分解成肽和氨基酸,成为肉浸出物的成分。同时ATP分解成次黄嘌呤核苷酸,使肉变得柔嫩多汁并具有良好的滋味和气味。

从安全卫生方面讲,有效的抑制了微生物的生长,延长保鲜期限。

从口感嫩度方面讲,经过“后熟”以后,肌肉中的肌原纤维的连接结构会变得脆弱并断裂成小片,它的变化会使肉的嫩度增加。

(5)肉的化学成分。肉具有很高的营养价值,是一种营养比较全面的食品,可以为我们提供高品质的蛋白;提供身体所需的各类营养素,像铁质、维生素、脂肪等。肉在人体正常生理和健康中起到重要作用。鲜肉中主要含有水、蛋白质、脂肪、肉浸出物、维生素、微 量的矿物质等。

(6)肉的感官性质。

①颜色。对肉及肉制品的评价,人们大都从色、香、味、嫩等几个方面来评价,其中给人第一印象就是颜色。肉的颜色主要取决于肌肉中的色素物质——肌红蛋白和血红蛋白,如果动物在屠宰过程中放血充分,前者占肉中色素的80%～90%占主导地位。所以肌红蛋白的多少和化学状态变化造成了不同动物、不同肌肉的颜色深浅不一。当高铁肌红蛋白≤20%时肉仍然呈鲜红色,达30%时肉色显示出稍暗的颜色,在50%时肉色呈红褐色,达到70%时肉就变成褐色。其影响因素主要有氧分压、细菌、pH、温度、光线、盐等。综上所述,防止和减少高铁肌红蛋白的形成是保持肉色的关键。目前主要采取保持肉色稳定的方法有:真空包装、气调包

装、低温储存、抑菌和添加抗氧化剂等措施来达到保持肉色,防止肉品品质下降。

②风味。肉的风味大都通过烹调后产生,风味的差异主要来自于脂肪的氧化,另一些异味物质如羊膻味和公猪腥味分别来自于脂肪酸和激素代谢的产物。影响肉风味的因素:一是年龄越大,风味越浓;二是品种间风味差异很大,主要由脂肪酸组成差异造成;三是脂肪是风味的主要来源之一;四是氧化加速脂肪产生腐败味,随温度增加而加速;五是饲料中鱼粉腥味、牧草味,均可带入肉中;六是公猪因性激素缘故,有强烈异味,公羊膻腥味较重,牛肉风味受性别影响较小;七是腌制可抑制脂肪氧化,有利于保持肉的原味;八是细菌繁殖,产生腐败味;九是保存过程中,包装材料使用不当,也会给肉染上异味。

③嫩度。肉的嫩度指肉在食用时口感的老嫩,影响嫩度的因素:年龄越大,肉越老;一般运动多的动物肉较老;公畜肉一般较母畜肉和阉畜肉老;大理石纹与肉的嫩度有一定程度的正相关;成熟程度可改善嫩度;不同品种的畜禽肉在嫩度上有一定差异;电刺激可改善嫩度;肌肉部位不同,嫩度差异很大,源于其中的结缔组织的量和质不同所致;僵直:动物宰后将发生死后僵直,此时肉的嫩度下降,僵直过后,成熟肉的嫩度得到恢复。解冻僵直导致嫩度下降,损失大量水分。

(7)现代肉及肉制品营销需要解决的几个问题。

①建立新型的肉类产品流通体系。我国传统的家畜运销方式,是从产地长途运输活畜到消费地屠宰上市。此种方式增加了不必要的运费。由于活畜品质不均,单凭交易人员的经验,很难判断其畜肉率与瘦肉率,价格也很难准确判定,容易造成交易不公平。这就要求建立屠体拍卖制度,家畜在产地集中屠宰,分类、分级包装,然后由运销商根据各地客户需要,选用相应的肉类产品,利用低温冷藏车辆运输到各消费地,可提高运输效率,降低运销成本,实现公平交易。

②缩短肉类产品销售渠道。肉类产品属于鲜活农产品,要保证肉类产品的新鲜和安全,就要尽可能快地流通到消费者手中。这就要减少一些不必要的中间环节。畜产品直销就是不通过中间环节或较少通过中间环节,实现产销直接见面,以降低畜产品运销成本的营销方式。肉类产品直销目前主要有以下三种形式。

一是对加工企业和采购大户采用直销的方式。大型肉类加工企业可以在养猪生产基地进行集中屠宰后,直接进货,对采购大户则由食品公司建立配送中心,以直销的方式向采购大户供货。

二是建立小型批发市场,允许生产者将其家畜定点屠宰后,参与流通。

三是按照平等、自愿、互利的原则,建立合作营销组织。

③改进零售方式。我国主要的肉类零售方式,如猪肉、牛肉、羊肉,均采用现切现卖的销售方法。由于受零售人员的限制,每天的人均营业量很难有所突破,零售

成本很难降低。如能以一般家庭需要量为标准，将屠体预先切块、包装，并标明重量、类别、价格等，置于超市的低温冷藏箱中由顾客选购，不但可以提高保鲜程度，节约交易时间，还可以降低零售成本。

二、任务设计与实施

【任务设计】

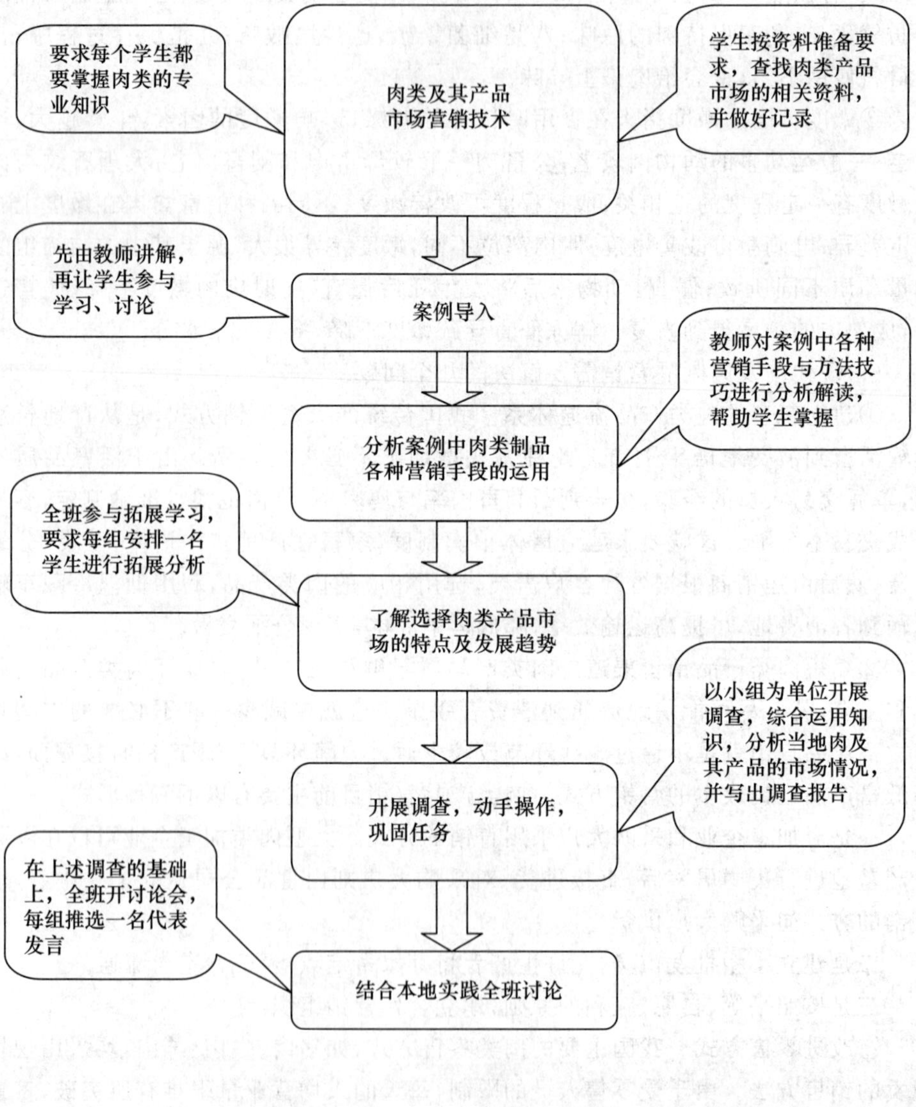

【任务实施】

（一）导入案例

总部位于河南漯河的双汇集团是以肉类加工为主的大型食品集团，2010 年总资产达 200 亿元，员工 6 万多人，年肉类总产量 300 万吨，是中国最大的肉类加工基地，在 2012 年中国企业 500 强排序中列 200 位。

双汇集团始终围绕肉类加工上项目，依靠“优质、高效、拼搏、创新、敬业、诚信”的企业精神，不断进行管理创新、技术创新、市场创新，企业实现了持续、快速、健康发展：80 年代中期企业年销售收入不足 1 000 万元，1990 年突破 1 亿元，2003 年突破 100 亿元，2010 年突破 500 亿元，2011 年达到 503 亿元。

双汇集团是跨区域、跨国经营的大型食品集团，在全国 15 个省市建有 20 多家现代化的肉类加工基地和配套产业，在 31 个省市建有 200 多个销售分公司和现代化的物流配送中心，每天有 8 000 多吨产品通过完善的供应链配送到全国各地。双汇集团在新加坡、韩国、菲律宾等国建立办事机构，开拓海外市场，每年进出口贸易额突破 1 亿美元。

双汇集团坚持用大工业的思路发展现代肉类工业，先后投资 40 多亿元，从发达国家引进先进的技术设备 4 000 多台套，高起点、上规模、高速度、高效益建设工业基地，形成了以屠宰和肉制品加工业为主，养殖业、饲料业、屠宰业、肉制品加工业、化工包装、彩色印刷、物流配送、商业外贸等主业突出、行业配套的产业群。

双汇集团坚持自主创新，打造创新型企业。双汇拥有国家级的技术中心、国家认可实验室和博士后工作站，建立有高素质的产品研发队伍。围绕消费转型和产业升级，进行中式产品的改造、西式产品的引进、屠宰行业的精深加工，做出了 200 多种冷鲜肉、200 多种调理制品、600 多种肉制品的产品群，满足消费需求。

双汇集团坚持用现代物流业改造传统的屠宰业，率先把冷鲜肉的“冷链生产、冷链配送、冷链销售、连锁经营”模式引入国内，大力推广冷鲜肉的品牌化经营，实现热鲜肉、冷冻肉向冷鲜肉转变，传统销售向连锁经营转变，改变传统的“沿街串巷、设摊卖肉”旧模式，结束了中国卖肉没有品牌的历史，引导了行业的发展方向，双汇开创中国肉类品牌。双汇产品做到头头检验、系统控制，确保食品安全。

双汇集团实施集团化管控模式，按照产业布局和发展需要，建立鲜冻品事业部、肉制品事业部、化工包装事业部、养殖事业部等，推行目标管理、预算管理、标准化管理、供应链管理、质量管理和企业的信息化。企业先后通过 ISO 9000、ISO 14001、HACCP 等体系认证，实施标准化管理、产业化经营、信息化控制。

双汇集团是国家农业产业化重点龙头企业，每年消化 1 500 万头生猪、70 万吨鸡肉、17 万吨淀粉、7 万吨植物蛋白，年转化粮食 1 000 多万吨，带动周边养殖业、饲料业、屠宰加工业实现产值600多亿元,间接为170多万农民提供了就业。

(二)案例分析

1. 市场环境分析

我国居民有史以来就有食用猪肉的习惯。经过30多年的改革开放,我国的物质生活得到了极大丰富,人民的温饱问题已基本解决,食品消费也从解决温饱问题过渡到食品的健康安全上来了,肉和肉制品的消费量逐年提高,安全、健康的消费理念日益形成。预计未来相当长时间内,我国肉和肉制品的消费增长将高于世界的平均水平,保持较高的增长率。双汇是中国最大、世界领先的肉类供应商,在肉制品、冷鲜肉两大产业居于主导地位,品牌的知名度高,公司筹资能力强。双汇集团率先把冷鲜肉的“冷链生产、冷链配送、冷链销售、连锁经营”模式引入国内,大力推广冷鲜肉的品牌化经营,实现热鲜肉、冷冻肉向冷鲜肉转变,传统销售向连锁经营转变,改变传统的“沿街串巷、设摊卖肉”旧模式,结束了中国卖肉没有品牌的历史,开创了中国肉类品牌。双汇集团为适应消费者对优质健康食品的需要,引进先进技术设备,形成了以屠宰和肉制品加工业为主,养殖业、饲料业、屠宰业、肉制品加工业、化工包装、彩色印刷、物流配送、商业外贸等主业突出、行业配套的产业群。

(1)需求分析 。肉类产品的需求量很大,同时需求差异性也很大,当然,大多数客户也有共同的需求,这就是安全、方便、实惠,这就给双汇的生产、研发提出了很高的要求,既要质量过硬,又要成本低廉。同时,不同的消费群体对于产品的口感和包装有不同的偏好,同样,购买力也不尽相同。

双汇集团针对不同的用户需求制定了多品牌战略,涉足了肉制品的大多数领域,而且高、中、低端产品全部都有。双汇集团目前已经形成了以“双汇”“王中王”“马可波罗”三个主流品牌领军,几十个品牌跟进的品牌群。双汇的多品牌策略在占领肉制品行业中起到了隔离品牌的作用,使得每个层次的消费者都能根据自己的需求选择一个自己中意的品牌。

(2)竞争分析。双汇集团的肉类产品面临着的竞争对手主要是金锣、雨润等品牌。在冻品行业金锣规模很大(包括冷鲜肉),而双汇紧跟其后;在火腿肠行业双汇遥遥领先;在低温肉制品行业,雨润市场占有率非常高,双汇紧随其后;作为未来发展方向的冷鲜肉领域中,双汇通过卖概念来培育品牌,而金锣则相对低调的追求销售量。

作为双汇最主要竞争对手的雨润,为避免与高温肉制品领域内已存在市场领先者的激烈竞争,2000年以前,雨润主要集中在低温肉制品品牌的打造上,年增长2亿～4亿元。此后,双汇等高温制品为主导的厂家看到雨润在低温市场取得的快速增长，纷纷加速对低温市场的争夺战。雨润则乘机推出多个产品品牌，分别进入了高温、中式、速冻和冷鲜肉市场。雨润针对低温肉制品、高温肉制品、生鲜肉产品、速冻食品、中式传统肉制品和焙烤肉制品这六大类别分别设立了雨润、旺润、福润、雪润、福润得和法香六大品牌，11 个系列，计 1 000 多种产品，并且每年还有 200 多种新品上市，由此组成了一个庞大的品牌家族。同时面对多种不同的销售对象，进行不同的产品组合，针对不同的目标市场建立了其风格鲜明的品牌形象。

2. 开发营销战略

(1)市场细分

①按照年龄来划分：10 岁以下——这一年龄段的儿童基本上没有自主能力，主要的衣食住行还是依靠父母，所以他们的购买能力小；10～25 岁——在这一年龄段的人群基本上都是学生，有一定的自主能力，可以决定自己的生活需要，高温肉制品购买能力强，低温肉制品和冷鲜肉购买能力差；25～55 岁——在这一年龄段的人群基本上上班族，有一定的经济基础，其中的一些人已经成家立业，产品对他们的吸引力主要在性价比上，以及供他们选择的多种口味，他们的高温肉制品和低温肉制品的购买能力一般，冷鲜肉的购买能力强。

②按照生活方式来划分：学生类——学生消费大多都比较随意，喜欢便携式的就餐方式，他们喜欢尝试新鲜事物，热衷于平价的消费；白领类——白领大多注重时尚的生活，他们也喜欢尝试新鲜的事物，并且生活节奏较快，由于工作的繁忙而导致饮食的不规律，他们会缩短自己的用餐时间，因此便捷的食品对于他们的吸引力很强，高温肉制品的吸引力很强，低温肉制品购买能力较强，冷鲜肉的购买力一般；无业类——在这一人群中，多是家庭主妇，他们时常关注市场上的产品的更迭变化，为家人选取最适合他们的物品，在家做饭，高温肉制品和低温肉制品的购买力差，冷鲜肉的购买力强。另外，还有一些宅在家里的年轻男女们，他们喜欢把火腿、方便面等可储存的速食品放在家里，高温肉制品和低温肉制品的购买能力强，冷鲜肉的购买能力差。

(2)目标市场。因为我国是一个地理分布极广的庞大市场，各区域消费者对肉类的需求呈现出非常大的差异性，单一厂和单一口味的产品断然无法满足全国市场消费者的需求。双汇根据不同的目标市场，开发不同的产品，以满足各种消费者的需求，并将核心市场选定在北京、上海、四川、辽宁、湖北等地。

(3)市场定位。由于现在供大于求的市场局面，产品的同质化现象严重，消费者选择面广泛，要想在众多产品中脱颖而出，必需具有特色。双汇冷鲜肉的特点定位是：安全，健康，卫生，新鲜。冷鲜肉严格执行兽医检疫制度，对屠宰后的牲畜胴体迅速进行冷却处理，使胴体温度在 24 小时内降为 0～4℃，并在后续加工、流通和销售过程中采取全程封闭式冷链加工和运输，能有效抑制微生物的生长繁殖；肉质柔嫩多汁，滋味鲜美。冷鲜肉遵循肉类生物化学基本规律，在适宜温度下，使屠体肌肉蛋白质正常降解，肌肉排酸软化，嫩度明显提高，非常有利于人体的消化吸收。且因其未经冻结，食用前无须解冻，不会产生营养流失，克服了冻结肉的这一营养缺陷。与凌晨宰杀、清晨上市的热鲜肉相比，冷鲜肉具有质地柔软有弹性，汁液流失少，口感好，滋味鲜美；容易咀嚼和消化，吸收利用率高等优点。冷鲜肉在冷却温度（0～4℃）下放置12～24小时冷冻冷藏柜，使大多数微生物的生长繁殖受到抑制，肉毒梭菌和金黄葡萄球菌等不再分泌毒素，肉中的酶发生作用，将部分蛋白质分解成氨基酸，同时排空血液及占体重18%～20%的体液，从而减少有害物质的含量，确保了肉类的安全卫生。同时，冷鲜肉更嫩，熬出的汤清亮醇香。整个过程历经十八道检疫，确保了产品的安全卫生。

3. 营销组合

（1）产品策略。紧紧围绕住顾客的消费需求，围绕家庭情况，生鲜产品特别是排骨类产品采取小包装分类策略，增加了销量；引进当地的特色产品，像许昌的水泡菜、洛阳的卤肉、信阳的华英鸭等，加入特色的口味，以生鲜产品和地方特色产品吸引人。

（2）价格策略。集团店大部分在社区和集贸市场附近，来集团店的顾客大部分是附近的居民，而且以家庭妇女和老年人为主具有一定的稳定性，他们很关注性价比，因此应当将价格定得偏低，来吸引消费者。然而在公园，旅游景区，娱乐场所附近的双汇店应当适当提高价格。

（3）分销策略。集团全力加大现代零售终端的运作，以强大的整体规模和品牌优势与竞争对手展开全方位的争夺，双汇还通过大量的自建专卖店和经销商加盟店，进一步提高其低温肉制品的覆盖率。

（4）促销策略。主要有超市促销、赠品策略、关系促销、公关推广、广告媒体选择与组合运用。

三、任务拓展

（一）肉类产品生产特性

1. 猪肉产品生产的特点

现阶段我国生猪养殖的规模化程度很低，年出栏100头以下的小型养殖户生猪出栏量占生猪总出栏量的50%以上。虽然这几年生猪养殖规模化程度越来越高，但短期仍然难以改变我国以小规模养殖为主的局面。生猪养殖规模化程度低，散养户由于资金匮乏，技术落后，养殖信息获取手段落后，他们抵御风险的能力很弱。随着养殖行情的起起落落，猪肉的供应量也呈现周期性的变化。虽然我国猪肉产量逐年增加，但猪肉来源复杂，标准化，规模化的生猪生产基地较少，使得国产猪肉的质量很难控制，一方面无法在出口市场形成竞争力；另外，也难以适应我国高端猪肉消费的需要。据商务部网站披露，在国内中、高档宾馆饭店所消费的猪肉基本为国外进口的猪肉。我国猪肉产量中，75%在农村消费市场出售，猪肉消费习惯和消费水平偏低，消费以热鲜肉为主，产业链很短，难以适应我国高端消费市场的需要。随着我国居民生活水平的提高，我国未来猪肉消费的方式也在转变，冷鲜肉和冷却肉的消费逐渐增加，小包装肉以及有机猪肉等精品将成为未来消费发展的方向。

2.牛羊肉生产的特点

我国是牛羊肉生产大国，羊肉产量居世界第一位，牛肉产量仅次于美国和巴西，居世界第三位。从国内生产情况看，我国牛羊生产水平不断提高，牛羊肉产量保持稳定增长，优势产区逐渐形成。总产量稳定增长，改革开放以来，我国牛羊肉生产快速发展，占肉类总产比重上升。牛羊良种种群扩大，质量提升。生产格局不断调整，我国肉牛肉羊生产主要集中在冀鲁豫3省和东北3省以及西部8省区，包括内蒙古、四川、云南、西藏、甘肃、青海、宁夏和新疆等。

近年来，随着人口增长和生活水平提高，牛羊肉消费持续增长，市场价格持续上涨。“十一五”以来，我国牛羊肉消费需求增长较快。2010年，我国人均牛羊肉消费量分别为4.87千克和3.01千克，均比2005年增长12%，年均增长2.3%。目前，我国人均羊肉消费量是世界平均水平的1.5倍；人均牛肉消费量为世界平均水平的51%，特别是与欧美发达国家的消费水平差距较大。从今后一段时期看，随着人口增长、居民收入水平提高和城镇化步伐加快，牛羊肉消费总体上仍将继续增长，但增速会有所放缓。总体来看，我国羊肉消费供求基本平衡，但在牧区和穆斯林群众聚居区，羊肉供求较为紧张。

(二)肉类产品行业特性

(1)生产原料易于取得，对原料品质、贮藏、运输的要求条件不高，可开展生产地域广泛。

(2)各国技术水平差异不大，但产品加工工艺及产品品种随社会文化及自然条件不同而存在较大差异，主要可分为东方传统产品和西式产品两大系列。

(3)产品生产、贮藏和运输易受自然条件与流行疾病影响，产品保质期不长，需冷藏链支持。

(4)产品消费受社会经济与文化环境影响较大，且每一特定品种所拥有的消费市场相对有限，需要在品种上不断推陈出新。

(5)产品同质性较强，市场竞争以品牌竞争和价格竞争为主。市场对知名品牌接受程度远较其他品牌高。

(三)影响肉类产品加工生产的主要因素分析

1. 生肉供给水平

生肉作为肉制品加工业的基本原料,其供应数量与质量是制约肉制品加工业发展的重要因素。我国目前生肉供应充足,特别是猪肉产量已居世界之首,且我国生肉产品价格低廉,足以满足我国肉制品加工业需求。

2. 安全卫生管理

肉类产品加工产品作为食品,其安全卫生水平受到消费者广泛关注,直接影响到产品需求水平,并进而影响行业经营状况。

3. 肉类产品行业技术创新

(四)驱动肉类行业发展的宏观因素分析

近年来,随着经济发展和居民生活水平的提高,国内肉类及其制品的市场规模不断扩大。目前我国人均肉类消费量处在世界人均消费量的第40位,但国内肉类人均消费城乡差距很大。农村市场,由于受农民收入增长滞缓的影响,农民对猪牛羊肉的人均年消费量仅为13～15千克,而城市居民达22～25千克的水平。

(五)肉类产业行业发展瓶颈

1. 外向型经济受阻

国内肉制品价格仅为国外的1/10～1/5,肉产业发展的根本出路在于发展外向型经济。不过下列因素近期将阻碍我国肉企挤占更大的国际市场份额:欧美国家长期将我国大陆视为疫区,大大限制了外向型经济的发展;疫情容易引起社会性恐慌,造成系统风险;国际供求关系变化、技术贸易壁垒、药物残留超标、产品质量达不到进口国要求、产品标准不统一、没有自主品牌、进出口规模小、组织化程度较低及动物福利等因素都会影响我国成为肉类强国。

2. 市场不规范

突出表现在体系和卫生保障体系不健全;"注水肉""瘦肉精"事件时有发生;地方保护严重。在以农业为主的区域,松散养殖是农民维持生计的重要方式之一,"一口锅、一把刀、一部三轮车"的私屠滥宰现象严重干扰市场秩序。

3. 动物疫情

相对而言,亚洲人口密度高,物资与人口流动较其他地区都高得多;生产厂家有的在非健康环境下养殖动物,成了病毒形成与繁殖的温床。这些因素导致动物源性疾病更容易在亚洲暴发。我国的畜牧养殖以农村散养为主、饲养水平较低,容易大规模地发生疫情。

4.产业整体水平低

我国虽然是产肉大国，但从目前来看，产业的整体水平仍然不高，这不仅表现为肉类加工企业数量太多，技术装备落后，创新能力和经济实力不强，而且排名前十位的肉类加工企业市场集中度比较低。此外，在物流配送、保鲜包装、营销手段等方面，传统落后的方式仍占主导地位，没有形成现代化的经营体系，特别是有80％以上的产品通过集贸市场销售。

(六)我国城乡居民肉类消费现状

我国居民消费模式发生了重大的转变。2013年肉类产品达到38.9％，其中牛羊肉外出消费比例高达65％、禽肉为40.4％；农村居民猪肉、牛羊肉、禽肉和禽蛋的在外饮食比例分别为9.9％、16.7％、14.8％和13.4％。城镇居民猪肉、牛肉、羊肉和禽肉户外消费比重分别为48％、56％、56％和46％；农村居民猪肉、牛肉、羊肉和禽肉户外消费比重分别为33％、51％、64％和27％。户外消费已经成为肉类消费的重要方式。

从食用的营养性角度看，猪牛羊肉、禽、蛋、水产品等动物性食品消费显著增加，营养结构有所改善。见表3-1：

表3-1　城镇居民人均主要食物消费结构变化　　千克

年份	粮食	猪肉	牛羊肉	家禽	鲜蛋	水产品
1985	134.76	16.68	2.04	3.24	6.84	7.08
1990	130.72	18.46	3.28	3.42	7.25	7.69
1995	97.00	17.24	2.44	3.97	9.74	9.20
2000	82.31	16.73	3.33	5.44	11.21	11.74
2005	76.98	20.15	3.71	8.97	10.40	12.55
2006	75.92	20.00	3.80	8.30	10.40	13.00
2007	77.60	18.21	3.93	9.66	10.33	14.20
2008	—	19.26	3.44	8.00	10.74	—
2009	81.33	20.50	3.70	10.47	10.57	—
2010	81.53	20.73	3.78	10.21	10.00	15.21
2011	80.71	20.63	3.95	10.59	10.12	14.62

(七)我国未来肉类消费趋势

(1)农村未来肉类消费还有成倍增长的潜力。

(2)城镇居民肉类消费需求在向质量和多样性方向转变。

(3)未来一段时间猪禽肉消费仍将占肉类消费的很大比重。

(4)居民户外肉类消费仍将继续增加。

四、任务巩固

1. 通过以上学习,熟练掌握肉类产品的营销手段与方法。

2. 能熟练表述我国肉产品市场的特点、行业特点、发展趋势。

3. 调查当地的肉市场,写出调查分析报告。

任务14 禽蛋及产品市场营销技术

一、学习准备

(一)知识准备

1. 禽蛋及产品的商品特性

(1)鲜蛋。鲜蛋包括鸡蛋、鸭蛋、鹅蛋、鹌鹑蛋和鸽蛋等,其中以鸡蛋数量最多,其次为鸭蛋、鹌鹑蛋和鹅蛋。各类鲜蛋又分为两种:一是种蛋(受精蛋),专供孵化雏禽使用;二是商品蛋(未受精蛋),专供出售食用或者作为蛋品加工的原料。

(2)蛋制品。

①松花蛋。松花蛋具有营养丰富、风味独特、耐贮藏等特点,它既是我国广大人民喜食的大众食品,又是我国传统的出口商品。

②咸蛋。是我国传统蛋制品。咸蛋以新鲜鸭蛋或鸡蛋为原料,以食盐为主要辅料经腌制而成,具有味道鲜美、蛋白细嫩的特点,加工方法简单,食用方便,因此,深受国内外广大消费者喜爱。

③糟蛋。糟蛋是以新鲜鸭蛋为原料蛋,利用优质糯米酒糟及食盐为辅料,糟制而成的高档土特产品。糟蛋营养丰富、风味独特,被视为佐酒的佳品,由于具有开胃及帮助消化的功效,被视为一些病患者和产妇的高级补品。糟蛋不仅在国内深受广大消费者的喜爱,在国际市场上也享有很高的声望。

④熟蛋。包括虎皮蛋、五香茶蛋、卤蛋、五香熏蛋等。

(3)禽蛋分级。

①分级。一般从两个方面来综合确定:一是外观检查;二是光照鉴定。在分级时,依据蛋壳的清洁度、完整性和色泽,外壳膜是否存在,蛋的大小、重量和形状,气室大小,蛋白、蛋黄和胚胎的能见度及位置等。

②收购等级标准。目前尚未有全国统一的标准或部颁标准，有些地区制定了地方分级标准，根据蛋壳、气室、蛋白、蛋黄 4 项指标分为 3 个等级。

③销售分级。目前没有全国统一的标准，但各地的标准大同小异，一般是：不论大小，凡是新鲜、无破损的均按一级蛋销售。有瑕疵或破损的，视情况按 2、3 级蛋销售。不同等级的蛋，其销售差价依地区、季节不同而不同。

④冷藏蛋。根据蛋壳、气室、蛋白、蛋黄 4 项指标分为 3 个等级。

⑤出口鲜蛋。分级标准随着对外贸易的发展以及国际市场的变化，质量分级标准也有所变化，对不同国家和地区的分级标准也有所不同。鸡蛋出口时，除按质量分级外，还经常要按重量分级。按每箱净重和每千枚重量，分为大超级和 1～4 个等级。

2. 我国禽蛋业生产加工特点

(1)我国禽蛋业生产特点。我国禽蛋产量连续多年位居世界第一位，2013 年禽蛋产量达 2 879 万吨，鸡蛋 2 148 万吨，占 74.6%，鸭蛋 610 万吨左右，占 21.2%，其他禽蛋(鹌鹑蛋、鹅蛋等)121 万吨，占 4.2%。这说明我国禽蛋品种结构逐渐丰富，鸡蛋所占的比例下降，鸭蛋比例上升，其他禽蛋业逐渐增多。人均占有量达 25 千克。但是在世界蛋品交易市场上占有的份额甚微，主要是由于无法进行现代意义上的产品加工，产品的形式仍局限于传统产品(皮蛋、咸蛋等再制蛋)，自然造成了国内禽蛋市场的恶性竞争，鲜蛋价格持续下跌，禽蛋业面临入不敷出的危机，这不仅严重挫伤了广大禽蛋养殖户的生产积极性，也严重制约了种禽、种蛋业的健康发展。

(2)我国禽蛋业加工特点。

①原料蛋利用。我国是世界第一禽蛋生产大国，但我国蛋品加工业相对滞后，数量少，规模小，禽蛋消费以鲜蛋为主，鸡蛋产量的 99%用于鲜销，1%～2%用于加工；由于鸭蛋直接食用腥味较大，鸭蛋产量的 6%～10%用于鲜销直接处理，90%～94%的鸭蛋用于再制蛋与咸蛋黄加工；鹌鹑蛋鲜销和加工各占 50%左右；其他禽蛋加工较少。

②加工企业。我国现代蛋品加工业起步较晚，我国传统蛋品加工业历史悠久，咸蛋、松花蛋加工已有 1 000 余年历史。我国目前在省、市、县等工商部门注册蛋品加工业 2 000 家以上，禽蛋加工品种以松花蛋、咸蛋、糟蛋等为主，占蛋制品加工量的 80%以上，不仅用于满足国内市场，而且在湖北、江西、江苏、福建、浙江、广东等省形成了年产量在 1 000 吨以上的出口生产基地。

③产品种类。我国是禽蛋种类最丰富的国家，不仅有鸡蛋，还有鸭蛋、鹌鹑蛋、鹅蛋、鸽蛋等。我国现有蛋制品 14 大类，60 多个品种，虽然加工量少，但却是世界上蛋制品品种比较丰富的国家。然而，我国蛋制品种类同我国的消费人口、饮食习惯以及消费方式的多样化来看，还是远远不能适应我国人民的消费需要，必须加大蛋制品研发的力度，进一步开发新产品，尤其是要加大蛋制品的加工与消费量。禽

蛋除供食用外，还是制革、纺织、造纸、食品、医院、化工等工业的重要原料或辅料。此外，蛋壳中碳酸钙的含量高达 90%以上，钙的含量约为 36%，同时还含有其他丰富的矿物质，因此可对蛋壳进行综合利用。

3. 我国禽蛋及其产品的消费状况

(1)国内禽蛋消费。目前我国鸡蛋销售情况主要是以内销为主，出口规模小。消费形势主要是鲜蛋，另有部分为加工蛋。市场类型属于完全竞争的市场，散养户居多，养殖户的鸡蛋产品也无差异性，价格紧跟市场走。国内农户鲜蛋销售流通途径主要是农户养殖、蛋贩子收买、批量发货。蛋贩子由于过度注重价格，往往不注重鸡蛋质量，养殖户对鸡蛋市场行情不甚了解，价格掌握在收购商手中。在流通环节也没有合理的冷冻、冷藏保存。

我国居民对禽蛋及其产品的消费和出口是拉动我国禽蛋产业发展的主要因素。我国有多个民族禁食猪肉，江南、华南、华中地区有一定比例的居民不食牛肉，而禽蛋是全民皆宜，历来受到各族人民喜食。

①禽蛋总消费量。我国禽蛋总消费量在增加，消费增长率呈现上升趋势，我国成为禽蛋及其制品的消费大国。

②人均消费量。评价一个国家或地区的禽蛋及其产品消费水平的指标主要是禽蛋及其产品的人均消费水平。随着我国城乡居民人均收入水平的提高，居民畜产品的消费结构也在发生着相应的变化，在畜产品的消费中，禽蛋的人均消费量持续快速增长。我国城乡居民对禽蛋及其制品的户内、户外消费均在增加，因此，随着我国经济的不断增长，某些动物性肉类和粮食的消费在不断下降，而我国居民禽蛋及其产品的销售在增长，为禽蛋产业的进一步发展提供了空间。

③我国禽蛋及制品消费区域差异。我国地域辽阔，民族较多，自然条件复杂，经济发展很不平衡，人口密度不均，地区间和省际间禽蛋产品的消费存在着明显的区域特征。我国东、中、西部城乡居民人均禽蛋及制品消费差异显著，城乡禽蛋及其制品消费差别更大。我国禽蛋消费支出较高的省份有天津、安徽、山东、辽宁、河北、北京、福建和上海，禽蛋消费额较低的地区是内蒙古、青海、宁夏、新疆及广西、海南等省区。

④我国蛋与蛋制品消费的城乡差异。我国城乡居民之间的禽蛋产品消费差异较大，但总体来看，我国禽蛋人均消费的城乡差距呈不断缩小的趋势。近几年户外消费总量几乎占到了总消费量的一半以上，禽蛋的户外消费包括了餐馆和机构的消费量以及浪费的禽蛋，还包括了蛋糕、面包等食品中的鸡蛋消费量。

(2)禽蛋外销。目前我国禽蛋外销主要是我国的香港和澳门及日本、新加坡等国家和地区，其中我国香港和澳门地区的销量最大。

鸡蛋出口渠道存在一体化型和代理型两种主要模式。一体化出口渠道是禽蛋企业将符合质量标准的蛋品直接销售给境外的合作方(主要为当地人负责经营的分公司或子公司),由合作方负责市场开发与维护;代理型出口渠道是禽蛋企业的出口蛋品由具有进出口经营权的贸易公司代理,卖给境外进口商。

(二)资料准备

1. 观看中央台的《每日农经》《聚焦三农》以及新闻栏目,收集蛋及蛋制品的市场开发案例。

2. 查找蛋及蛋制品生产企业进行新产品开发和进行市场推广所应用方法、手段的相关资料。

3. 可以利用网络查找收集相关蛋产品的市场信息,如中国农民网中的农业资讯。(http://www.farmer.gov.cn/hyfz/nyzx//)

二、任务设计与实施

【任务设计】

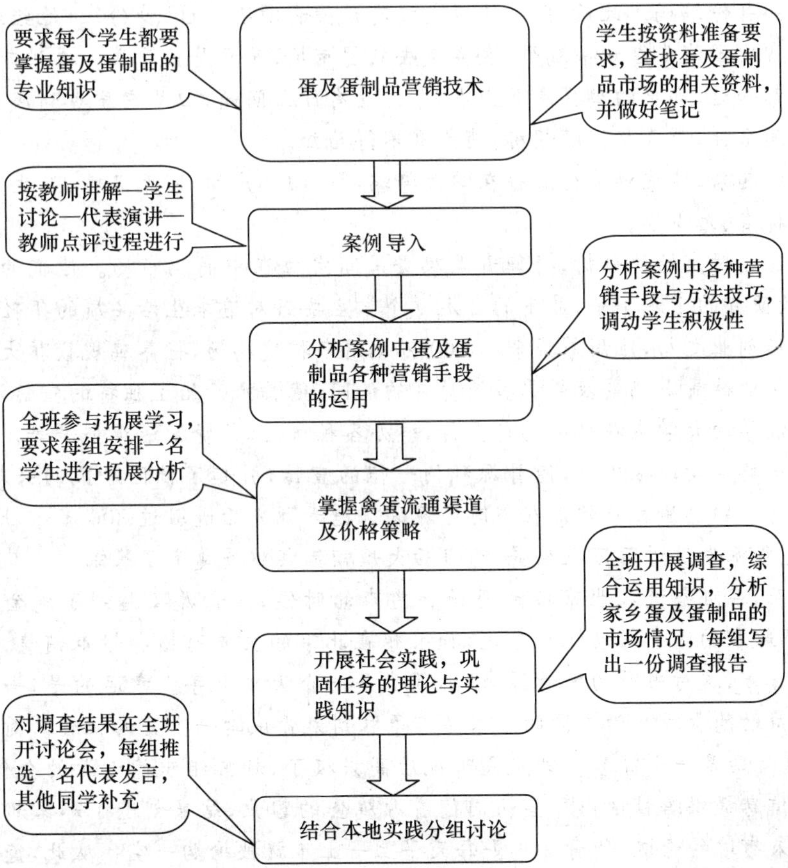

【任务实施】

(一)导入案例

案例一

从德青源看低端农产品如何孕育中高端品牌

靠卖鸡蛋卖5个亿,这事你信吗?不管你信不信,反正这事就发生在我们身边。他就是北京德青源鸡蛋的老板钟凯民。有一次,钟凯民在欧洲考察时偶然发现欧美市场中的鸡蛋都拥有自己的品牌。那些按严格的标准生产、在出售时都标注生产日期和标明胆固醇含量的鸡蛋引起了他浓厚的兴趣。2000年,钟凯民花了1年时间筹集了50万元研制“绿色鸡蛋”——不含任何有害于人体健康的药残和添加剂,并成立德青源公司。在第一只试验鸡蛋落地后,钟凯民脑海里浮现了欧美蛋商的做法:给鸡蛋一个“身份”。于是,在蛋壳上印上“德青源”三个字,并加印生产日期和身份编码。此后,钟凯民再也没有让德青源丢失过“身份”。他经过调查,发现通常中国消费者购买鸡蛋,主要是去农贸市场,而且是按斤买。去过市场买鸡蛋的人都知道,那里的鸡蛋表面上看,也许没有什么问题,但是它质量到底如何,营养价值怎么样,是否胆固醇超标,消费者不得而知。

归纳起来,传统鸡蛋行业存在四大弊端,即:四无产品,即无品牌、无生产日期、无质量标准、无规模。

他通过对市场的分析,将德青源鸡蛋果断定位在中高端市场。他们的鸡蛋按个卖,最便宜的1元1个,最贵的2元1个。主要针对追求生活品质的年轻白领。

开始创业之初,他用筹集来的160万元用来扩建鸡场,将养鸡规模扩大到1万只。为了使德青源鸡蛋获得更多消费者的认同,德青源开始了独特的宣传活动,动员勤工俭学的大学生在社区进行宣传,举办各种讲座,免费派送鸡蛋等等。当时在社区这一类活动还很少见,德青源独树一帜的宣传,引起了社区居民的兴趣,现在很多德青源的忠诚客户就是在当时培养的。德青源先后进驻过300多个社区进行宣传,免费派发过近百万枚鸡蛋,为日后大规模销售鸡蛋奠定了基础。

然而,在准备进入北京各大商场和超市的时候,德青源又遇到了资金上的瓶颈:每家超市的进店费动辄几万元,如果想在北京的主要商场和超市销售,进店费就得上百万,这对当时的德青源来说,简直是一个天文数字。幸运的是,一位消费者主动帮助德青源在崇文区的一家超市争取到免费试卖一个月的机会。对德青源来说,这无疑是一个惊喜。钟凯民听说后高兴极了,赶紧组织德青源的全体员工,将这一信息提供给社区内那些认同德青源鸡蛋的客户,结果创造了那家超市鸡蛋销售从未有过的奇迹:德青源鸡蛋每天早上一上市就被抢购一空。从此,德青源鸡蛋以其卓越的品质，拿到了一大批超市的免费通行证，一举进入了北京主流市场的销售渠道。

（二）案例分析

分析德青源为什么能把一个低端的产品做到这么大的销售业绩呢。

1.抓住市场空白点，进行精确的市场定位

由于我国是发展中国家，市场上还有很多未开发领域，如何抓住这些市场空当，并且把握好机会，是创业成功的关键因素。德青源鸡蛋的成功，也是因为它发现了我国鸡蛋市场中高档产品的市场空当，并且把握住了机会，从而一举成功。

翻开德青源的创业故事，是因为钟凯民在欧洲发达国家考察期间，发现超市里卖的鸡蛋都有“身份证”，标注生产日期和标明胆固醇含量等等，而在中国，鸡蛋都还是论斤卖，而且来源、质量都没法保证。他专心致力于中高档鸡蛋产品的开发，成功抓住了这一市场机会。

其实中国很多创业故事和钟凯民的创业故事雷同，他们都有一个惊人的相似点：那就是拷贝国外成熟的商业模式或者做法，然后回国创业，很多人都取得了成功。这其实是一种创业成功的捷径。因为比起中国，西方发达国家经济高度发展，市场经济发展比较成熟，所以有很多成熟的商业模式可供参考和借鉴。

2.进行细致的市场调研，制定科学营销策略

通过调研，德青源发现，据联合国的统计数字，最喜欢吃鸡蛋的国家，第一是墨西哥，第二是中国。墨西哥平均每年人均吃鸡蛋350枚，中国是310枚。当时全国注册养鸡场大概有80多万家，但是大部分规模比较小，没有先进的生产技术和管理经验。

调查资料表明：我国消费者购买鸡蛋，主要是去农贸市场，而且是按斤买。去过市场买鸡蛋的人都知道，那里的鸡蛋表面上看，也许没有什么问题，但是它质量到底如何，营养价值怎么样，是否胆固醇超标，产品是否新鲜，还有多长的保质期，这些消费者都不得而知。

调查发现，我国传统鸡蛋行业存在四大弊端：一是无品牌，二是无质量标准，三是无生产日期，四是无规模。在当前的中国市场，随着经济的不断发展，人们收入水平和生活水平的不断提高，人们越来越注重饮食的健康。所以对食品的安全、健康、营养价值提出了越来越高的要求，与此同时，对价格的敏感度越来越低。尤其是在过去几年里，食品安全问题频发，促使一部分高收入城市居民开始寻找有健康保证的品牌鸡蛋。

针对这一市场机遇，德青源果断作出进军中高端市场的战略决策。只要能够洞察消费需求，并且满足消费需求，小鸡蛋也能成就一番大生意。这是低端产业打

造中高端品牌的开始,也是成功的关键。

3. 科学选种,严把质量关

为了"伺候"好这部分中高端消费群体,德青源在产品质量上严格把关。好的鸡蛋,必须要有好的鸡种。德青源在鸡种的选择上,选用的是世界上最负盛名的产蛋鸡种鸡——美国海兰种鸡。饲养过程都有一套可复制的标准化操作体系,保证了生产出来的鸡蛋质量标准的一致性。

为了让消费者放心购买和使用,使消费者能准确辨识鸡蛋的生产日期和品牌,德青源公司从英国进口专用喷码设备和可食用墨水,首创了我国在鸡蛋表面喷涂生产日期、商标和防伪编码的先例,从而结束了几千年来鸡蛋没有生产日期、没有品牌、没有防伪编码的历史。通过这些编码,可直接查出鸡蛋生产日期、批号、质检工号等资料。若鸡蛋出现问题,可在第一时间直接追踪到出问题的鸡舍,追查原因。

这说明,什么样的市场定位,就决定生产和制造什么样的产品。因为德青源定位于中高端消费群体,所以对产品的质量提出了极高的要求,到目前为止,德青源做得不错。这也给其他致力于在低端产业中打造中高端农业品牌一个启示:要想取得成功,必须在产品质量上付出100%的努力才有可能成功。

4. 正确选择品牌传播渠道:广告+口碑

在产品供过于求或者消费者的选择余地越来越多的时候,"酒好不怕巷子深"的时代已经过去了。所以,要想赢得市场,光有好的产品是远远不够的,还必须让消费者知道并了解。

作为定位于中高端市场的德青源鸡蛋,在品牌传播上又是怎么做的呢?德青源针对产品的消费群体,在电视、地铁和路牌上做广告,目标是吸引月收入在5 000元以上、25~40岁的白领女性,抢先占领鸡蛋品牌制高点。因为德青源定位中高端品牌,所以投入的广告并不多,而且以终端广告为主,其目的是为了维持品牌的中高端形象。"就像汽车要有奔驰一样,鸡蛋要有德青源",这是德青源在中国蛋品行业第一条电视广告语。此外,首创给鸡蛋标注"身份证"的做法,赢得了不错的消费者口碑。通过终端广告以及消费者自身的口碑宣传,德青源在目标消费群当中,还是取得了很高的知名度和美誉度。

值得一提的是,德青源很好的借助了热点事件进行品牌传播。在"三聚氰胺"事件之后,德青源把"安全鸡蛋"这个概念宣传得淋漓尽致。在事件暴发之前,消费者普遍都认为品牌鸡蛋与普通鸡蛋的差别主要在于包装,一个在超市卖,一个在农贸市场卖。"三聚氰胺"事件让消费者提高了对食品安全的警觉意识。面对这个契机,德青源的市场推广政策找到了主攻方向。

在低端产业中培育中高端品牌，必须高度重视品牌的传播和推广。针对自己产品的目标消费群体，进行有策略、有计划的市场推广和品牌传播。

5. 营销渠道建设合理有效

在渠道模式方面，德青源主要采取的是直销和分销两种模式。直销主要是针对一些企业客户，德青源鸡蛋成了一些机关单位食堂指定购买的品牌产品。同时，针对中高端消费群体，德青源主要是走商超的渠道。德青源主要是针对中高端市场，在渠道区域上，主要是针对北上广等经济发达地区。因为这些地区的经济发展水平更高，消费者的购买力更旺盛，对产品的质量尤其是食品的安全更重视。

2007 年，德青源开始考虑进入香港市场。2007 年 3 月，经检疫合格的德青源鲜鸡蛋，"坐"着飞机飞进了香港市场。在不到两个月的时间，德青源在香港吉之岛连锁超市同类商品销售中排名第一，超过店内所有日本鸡蛋品牌销售额之和。

如果说香港之旅是为了赚吆喝，挺进华南市场才是德青源的真正战略目标。目前，德青源产品已经在华南市场站稳了脚跟。

6. 转变商业模式，注重品牌的建设。

从 2007 年开始，德青源开始了商业模式的转型。在 2007 年之前，德青源还是一家基地＋养殖的养殖公司，而在 2007 年之后，德青源开始注重品牌建设，以品牌和市场为导向，向资源＋加工＋品牌＋渠道的鸡蛋品牌公司的方向去发展。

德青源的全产业链模式，从源头上控制了产品的质量以及食品的安全问题，德青源的鸡蛋在产品的质量上确实达到了很高的高度，所以德青源的鸡蛋不是按斤卖，而是按枚卖，1.2 元/枚。尽管不便宜，但是还是很受消费者欢迎。

三、任务拓展

(一)我国禽蛋及产品流通模式(图 3-4)

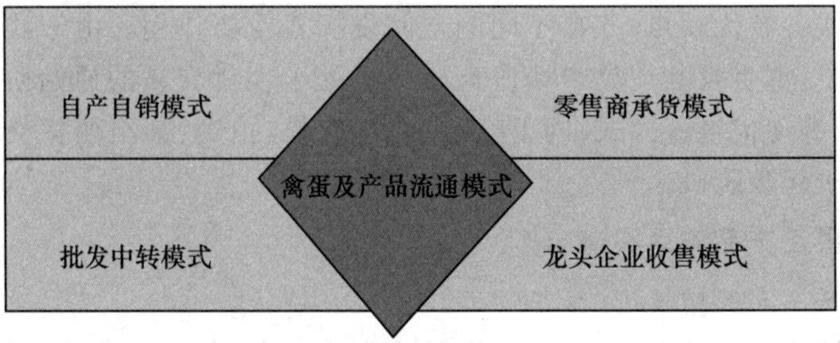

图 3-4 禽蛋及产品流通模式

1. 自产自销模式

小规模养殖蛋禽的农民自产自销禽蛋产品，如城郊的农民到城市去卖自家的禽蛋。这种流通方式的优点是流通中间环节少，农民直接面对消费者，销售收益直接兑现。存在的问题是流通过程中产品缺乏加工、保险、包装等技术处理，产品附加值低；物流半径有限。这种流通的销量小，单位流通成本很高。

2. 零售商承货模式

即生产者不与消费者直接见面，由零售商(个体私营商贩)负责禽蛋产品的收购与销售。零售商一般直接去农村向农户收购禽蛋产品并运输到城镇农贸市场，或是由生产者自行把产品运送到零售市场转移给零售商，然后由零售商出售给消费者，赚取其中的差价。这种方式在一定程度上降低了生产者的交易成本，优势零售商也会对产品进行一些简单的分类和包装甚至加工，但这种物流方式仍然规模小、商品流通范围有限。

3. 批发中转模式

即由经销商者或中间收购者将分散的禽蛋产品收购，然后再通过零售商销售，这种方式的优点是物流半径明显扩大，单位物流成本明显降低，已经成了大宗禽蛋产品销售的重要途径。目前的批发市场只是禽蛋产品集散地，单纯从事收购和批发销售，很少进行包装、加工等增值服务。

4. 龙头企业收售模式

龙头企业与农户签订合约，规定产品的规格与类型，农户按照合同约定进行生产，龙头企业收购后，经过加工包装后再配送给零售商销售。优点主要有：一是通过龙头企业使初级产品得以加工、保险、包装，使产品的附加值明显提高，农民可以分享加工的利润，收入增加；二是龙头企业有更充分的市场信息和技术信息，而且资金雄厚，可以对农户的生产进行资金支持和技术指导，降低农户生产的自然市场风险。缺点主要是龙头企业与农户的履约率不是很高。目前我国禽蛋及其产品流通的集中模式各有优缺点，并在不同的空间发挥着重要作用。由于我国现代物流模式刚刚起步，禽蛋及其产品市场流通模式仍处于现货交易的原始阶段。订单农业、连锁经营等现代物流模式、网上交易、代理交易、拍卖、甚至期货交易等现代化流通手段处于起步阶段。

(二)禽蛋及产品流通渠道

1. 禽蛋及产品营销渠道(图 3-5)

禽蛋营销渠道包括批发渠道、包装商渠道、加工渠道、出口渠道、零售商渠道和直销渠道等六种渠道形式。

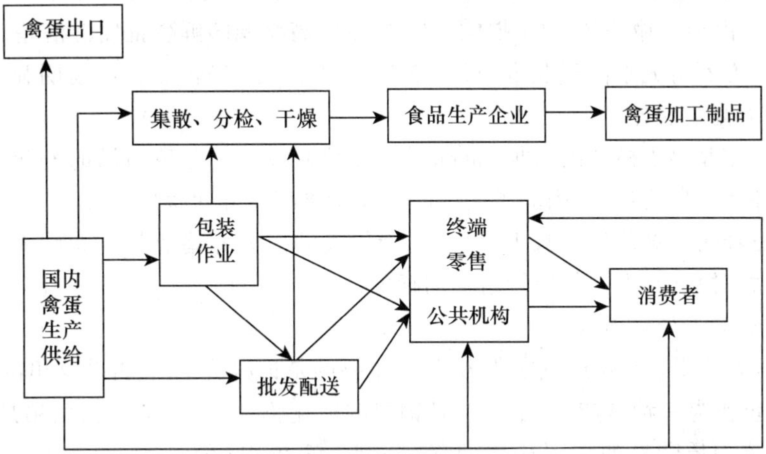

图 3-5　禽蛋营销渠道

2. 禽蛋及产品流通渠道

鸡蛋消费方式单一，以鲜蛋消费为主，生产的特点是生产的产品可以直接成为商品投放市场，因此主要的流通渠道可以分为四种：第一种是零级渠道，即“养殖户→消费者”的形式，消费者主要是当地居民，尤以养殖户周边居民为主。第二种是一级渠道，即“养殖户→零售商→消费者”的形式，只存在于“本地—本地”的销售模式中。第三种是二级渠道，即“养殖户→批发商→零售商→消费者”的形式，也只存在于“本地—本地”的销售模式中。第四种是三级渠道，即“养殖户→一级批发商→二级批发商→零售商→消费者”的形式，只存在于“本地—外地”的销售模式中。

(三)影响禽蛋及产品价格因素分析

1. 我国鲜蛋市场价格走势

(1)受春节消费集中影响，价格节前先升后降，一般降至农历的正月十五便有好转的迹象。

(2)受五一节、端午节影响，一般从五一节前开始上涨，至端午前夕出现一个高峰而后回落。

(3)历年麦收季节也是鲜蛋市场进入淡季的时期。

(4)历年上半年价格最高点出现在 5 月中下旬，最低点出现在 3 月中上旬；全年 9 月份最高，10 月份次之，8 月份是全年平均蛋价。

(5)正常市场变化规律基本是三年为一个市场变化周期。

(6)我国鲜蛋主产区为北方、主销区为南方,北方鲜蛋主要以汽运、海运等方式送至南方,由于运输等环节的成本因素,导致南高北低的鲜蛋批发价格差。

(7)南方养殖成本高于北方,目前蛋鸡不饱和状态仍较北方市场明显,从而导致蛋价南方高于北方。

(8)南方养鸡规模陆续增加,也降低了养殖业成本。养殖格局的变化,导致养鸡分散,各地区自给自足,削弱了地区间的鸡蛋价格差异化程度。

(9)随着北方养殖量的减少,以湖北为代表的南方养鸡业的不断壮大,出现北方供应量相对减少、南方供应量增加的现象。

2.影响禽蛋价格因素

(1)饲料费用。在生产成本费构成中,主要的是饲料费支出,占总支出的60%～70%。鸡蛋作为一种禽产品,实质上是饲料的转化物。其中,玉米和豆粕是鸡饲料中能量和蛋白质营养的主要构成原料,分别占全价料(蛋鸡料)的60%～65%和20%～25%,因此,饲料成本是影响鸡蛋价格的主要成本。蛋价与饲料成本的相关系数为0.867,即原料成本决定了蛋价的高低。

(2)鸡雏费用。占饲养总支出的15%～20%。雏鸡价格一般均随蛋价的变化而变化,鸡雏费用对蛋价的影响具有潜在的长远性,因此,雏鸡品质高低关系到鸡群的生长速度、产蛋量、抗病力、成活率等,是影响鸡蛋价格的一个重要因素。

(3)疫病与疫病防控费用。

(4)供需关系。我国目前的养殖状况主要是以散户养殖为主,在统筹规划方面欠缺,导致蛋鸡养殖业出现大起大落的行情状况。很多养殖户看到别人养鸡赚了钱,不管自己条件是否允许,也不管全国整体养殖情况如何,也盲目扩大生产规模或出现蜂拥养殖,这样就大大超过了市场的承受能力,致使市场蛋品供过于求,鸡蛋价格下跌。消费者的需求影响,也直接影响到价格变化,每年的4、5月份,8、9月份,几乎都会出现两个很明显的高起波段,其原因就是因为节前消费者对鸡蛋的需求量增加,所以带动价格上涨。

(5)替代产品的价格。肉鸡、猪、牛、羊肉、牛乳、蔬菜等其他替代品的价格变动也会影响消费者对鸡蛋的需求。在鸡蛋价格不变的情况下,替代品价格的下跌,会使消费者转移对替代品消费,从而减少鸡蛋消费;而替代品价格上涨,就会增加人们对鸡蛋的消费。

(6)消费习惯变化。主要受地区与消费季节的影响。如季节因素,夏季人们饮食习惯喜欢偏清淡的食物,对猪牛羊肉等替代品的消费会减少,对鸡蛋的需求增多,鸡蛋价格就会升高;反之,冬季则消费量相对会减少,蛋价降低。消费旺季的影响:每年的春节、中秋、国庆节、端午节等传统节日,无论是鲜蛋的直接消费,还是加工需求都显著上升，需求旺盛，使蛋品市场需求进入一个高峰期，鸡蛋价格升高。

(四)禽蛋产品的发展趋势

(1)翻新皮蛋花样。松花皮蛋生产量在我国位居蛋制品之首，每年都大量出口，其工业化生产程度在蛋制品中也最高，我国逐步开始采用机械化加工和使用新工艺，产品朝无铅、无泥、保健和小包装方向发展。

(2)开发蛋品饮料及液体蛋。第一类是以蛋醋为主要成分的饮料。第二类是以鸡蛋为主，配以牛乳加工甜蛋乳饮料。第三类是以蛋为主配以牛乳经发酵而成的蛋乳发酵饮料。第四类是以全蛋或蛋白质为主的全蛋饮料或蛋白饮料。第五类是以禽蛋为主，配以果汁或菜汁，再配以牛乳等其他成分的含蛋果蔬饮料。

(3)生产营养保健鲜蛋。禽体具有生物转化功能，能将人体不易吸收利用的微量元素通过它的吸收转化为生物态微量元素浓集于禽蛋之中，通过饲料配方调整可改善禽蛋原有的营养成分。利用生物工程转化技术使本来营养就极丰富的禽蛋又增加了附加值，拓展了禽蛋的用途和市场。如低胆固醇蛋、高碘蛋、富硒蛋、高锌蛋、高维生素蛋等。

(4)分离提取有效物质。禽蛋含有生命发育和生长的各种物质，从禽蛋中提取生物活性物质或有效物质价值极高，其在药品、食品化工、生物等诸多方面具有广泛的用途，是我国近20年来蛋品科学研究开发中又一热点。如溶菌酶的提取、卵磷脂提取、免疫球蛋白提取等。

四、任务巩固

1. 通过以上学习，熟练掌握禽蛋及产品的营销手段与方法。
2. 能熟练表述我国禽蛋及产品市场的特点、流通渠道、价格因素及发展趋势。
3. 调查当地的禽蛋及产品市场，写出调查分析报告。

任务15 乳与乳制品市场营销技术

一、学习准备

(一)知识准备

1. 乳及乳制品商品特性

(1)液体乳。液体乳品种见表3-2。

表 3-2 液体乳品种

液体乳品种	定义
全脂乳	乳汁经加工制成的液态产品,未脱脂
脱脂乳	乳汁经加工制成的液态产品,分离除去部分脂肪,包括半脱脂乳和全脱脂乳
调制乳	包括以乳为原料,添加调味料、糖和食品强化剂等辅料制成的调味乳,以及为特殊人群制作的配方乳
发酵乳	以乳为原料,添加或不添加调味料等成分,接种发酵剂后经特定工艺制成的液态乳产品

液态乳可以分两个品类:常温乳和低温乳。还可以将这两大品类分成高端乳和普通乳。简单而言,常温乳市场主要以伊利、蒙牛为主导,两个品牌的市场份额加起来超过70%以上,成为市场集中度最高的品类。

低温乳市场主要以三元、光明等地方性品牌为主导。其中,上海光明的份额相对较高,其余品牌基本呈现"地头蛇"特征,在全国范围谈不上什么份额。

高端乳领域,同时有两个品牌并驾齐驱,一个是蒙牛的"特仑苏",另一个是伊利的"营养舒化乳"。"特仑苏"主要在高端常温乳(最初主要以全脂乳为主)这个子类中占主导地位,而"营养舒化乳"却在低乳糖乳这个子类中占主导地位。两家公司都进行互相的跟进,分别推出"金典"(伊利在高端常温乳领域推出)和"新养道"(蒙牛在低乳糖常温乳领域推出),但到目前为止仍然难以撼动各自领域的第一品牌。由于消费者健康消费意识的不断增强,活性益生菌乳饮品市场规模不断拓展。

(2)酸乳。酸乳大致可以分为三个品类:第一类是满足营养需求的基础酸乳;第二类是满足美味休闲的大果粒、谷物酸乳;第三类是健康功能酸乳,如通畅、免疫、美丽、儿童成长等。其中基础酸乳的市场规模占60%以上,而果粒(谷物)酸乳和功能性酸乳的市场规模相对低一些。

然而,从增长态势上看,恰恰后两者的增长率非常惊人,尤其果粒(谷物)酸乳的增长率高达40%,这不得不引起酸乳企业的高度兴趣。因此,在这三大品类里也出现了相应的主导品牌。

从总体上看,酸乳市场还很难断定谁是这个市场的绝对领导者,但是一旦分品类来看,情况就大不一样了,各大品牌在不同品类上各显其能,根本无法判断谁是领导者。这一点也说明酸乳市场是乳品行业的新兴品类,目前的市场集中度还不算太高,未来的竞争将进一步加剧。

(3)乳粉。乳粉大类,可以分婴幼儿乳粉和成人乳粉两大类。其中,成人乳粉也可以分为普通配方和功能强化配方乳粉,还可以按照不同年龄和性别分很多子类。不过，整个乳粉市场还是以婴幼儿乳粉为主导，成人乳粉的市场份额比较小，而且增长态势也不算太好。

婴儿乳粉也分高中低档，与酸乳市场所不同的是，婴幼儿乳粉市场早就经历过价格战和行业洗牌，目前的竞争格局比较明朗。高端乳粉主要由外资品牌垄断，成为市场集中度极高的品类；中低档婴幼儿乳粉主要由国内企业占领。但也不少“山寨”品牌扰乱这个价位的市场。

成人乳粉，由于市场容量越来越小，目前做这块市场的品牌也越来越少。

乳粉是个充满“悬念”的品类。一方面，丑闻不断；另一方面，利益惊人。成为竞争最热烈、最残酷的品类。高端乳粉是焦点品类，“洋品牌”与“本土品牌”之间的较量、“洋品牌”与“洋代工”之间的竞争将会愈演愈烈。乳粉品种见表 3-3。

表 3-3　乳粉品种

乳粉品种	定义
全脂乳粉	以乳为原料，不添加食品添加剂及辅料，不脱脂，经浓缩和喷雾干燥后制成的粉状产品
脱脂乳粉	以乳为原料，不添加食品添加剂及辅料，脱脂，经浓缩喷雾干燥后制成的粉状产品
调制乳粉	以乳为原料，添加食品添加剂或辅料，脱脂或不脱脂，经浓缩和喷雾干燥后制成的粉状产品

(4)乳制品。以乳作为主要原料生产的各种产品称为乳制品。按照动物品种进行分类，牛乳是占绝对优势的商业化乳制品原料。此外羊乳、牦牛乳、马乳等也在某些地方具有食用传统，但消费量远远小于牛乳。按照产品种类进行分类，根据我国食品工业标准体系，可划分为液体乳制品、乳粉、乳脂、炼乳、干酪、冰淇淋和其他乳制品等。乳制品的分类见表 3-4。

表 3-4　乳制品的分类

分类	品种	定义
乳脂	稀乳油	以乳为原料，离心分离出脂肪，经杀菌处理制成的产品，乳白色黏稠状，脂肪球保持完整，脂肪含量为 25%～45%
	乳油	以乳为原料，破坏脂肪球使脂肪聚集得到的产品，为黄色固体，脂肪含量达 80%以上
	无水乳油	以乳为原料，分离得到黄油之后除去大部分水分的产品，其脂肪含量不低于 98%，质地较硬

续表 3-4

分类	品种	定义
炼乳	淡炼乳	以乳为原料,真空浓缩除去水分之后不加糖,经装罐灭菌制成的浓缩产品,质地黏稠
	甜炼乳	以乳为原料,真空浓缩除去水分之后,加糖达产品重的 45%~50%,制成的浓缩产品,质地黏稠
干酪	原干酪	在原料乳中加入适当量的乳酸菌发酵剂或凝乳酶,使蛋白质发生凝固,并加盐、压榨排除乳清之后的产品
	再制干酪	用原干酪经再加工制成的产品
冰淇淋	乳冰淇淋	乳脂肪不低于 6%,总固形物不低于 30%的冰淇淋
	乳冰	乳脂肪不低于 3%,总固形物不低于 28%的冰淇淋
其他乳制品	乳清粉	如酪蛋白或乳清蛋白浓缩产品等,主要用于食品工业生产
	干酪素	原料,基本上不直接食用

我国乳制品生产技术相对落后,技术和生产设备水平低,加工能力弱。当前全国乳制品生产厂家大约有 1 500 多家,小型企业过多,有 97%的日处理鲜乳能力在 100 吨以下。产品结构不合理,品种单一。乳制品的产量和质量也有待于提高。

2. 乳品产业特征

(1)产品差异化。市场营销学将产品分为五个层次,最基本的层次是核心利益,即顾客所购买的基本服务或利益。对于乳制品,消费者真正购买的是乳制品的品质;第二个层次是基础产品,即产品的基本形式。乳制品通过广告、销售、包装、商标、商誉、口感等向消费者传递的基本信息,以液态乳为例,具体有屋型、枕型、袋装、纸盒装、玻璃瓶装、塑料瓶装等包装,有原味、草莓味等多种口味。第三个层次是期望产品,即购买者通常希望和默认的一组属性和条件,例如补钙、补锌等;第四个层次是附加产品,即增加的服务或利益,它能将厂商的提供物与其竞争者的提供物区别开来。例如搭售、搭送小礼物(如杯子、雨伞、购物袋等);第五个层次是潜在产品,即该产品最终可能会实现的全部附加部分和新转换部分。例如企业采用有奖销售,兑换奖金或优惠券等。

从乳品市场看,各个品牌的乳品在产品一、二、三层次上差异化不足,竞相模仿复制严重,为了挣抢市场份额,各大企业在第四、五层次上展开激烈的竞争,以价格战、促销战等方式力争提升产品差异化程度,扩大销量。乳制品企业对于核心产品环节的投资不足,产品差异化程度低,致使战略重点移向销售市场,忽略了乳源建设、质量控制和新产品研发。在销售市场促销战和价格战层出不穷，有的企业甚至低于成本价销售，致使多数企业亏损或是只能得到远低于行业正常水平的利润。我国乳品加工企业注重规模扩张，忽略了产品的核心价值，在产品核心层次上投资不足，差异化程度低，迫使乳品企业陷入价格战、广告战、促销战的怪圈。

(2)产业生命周期。目前，我国乳品产业正处于生命周期的成长期。产能呈现结构性过剩，城市市场基本饱和，农村市场开发不足，企业数量过多，产品价格是影响居民消费的重要因素。

(3)市场集中度。市场集中度是衡量产业组织市场结构的主要指标，用来判断一个市场的垄断或竞争程度。我国最大的乳品企业市场集中度保持在50%以下，属于低市场集中程度。我国乳业市场结构与发达国家还有很大的差距，以欧洲为例，荷兰乳品企业的集中就已经超过了80%，而芬兰的瓦里奥公司单个企业的销售份额就达到了77%，这种市场结构产生的规模经济和市场定价能力使得乳品企业的利润相当丰厚。

(4)市场规模。我国乳品行业正值成长期，小规模企业过多、产能过剩、企业规模经济优势不能凸显。乳品加工企业日处理能力差异非常大，低处理能力的小企业数量过多，使得乳业市场竞争过度，大规模企业无法完全体现规模经济优势，市场份额也不能集中。大量的小规模乳品企业对乳源及市场份额的争夺，导致一半以上的企业都出现生产能力过剩，即加工设备和相关资源得不到充分利用，无形中提高了生产经营成本。而小规模企业灵活性强，产量小，管理和运行成本低，利润率反而会超过大企业，至少可以维持生存。

(5)产业壁垒。

①产业进入壁垒。从生产技术、经济规模、资本投入因素来看，我国乳品加工业的进入壁垒较低。行业成长初期，平均利润率较高，吸引大批企业进入，在我国因体制不完善而导致地方投资饥渴和预算软约束，重复建设现象严重，而且新进入企业的技术往往靠成套设备的简单引进而获得，行业进入的技术壁垒很低。这从近1 700余家加工企业的数量规模便可见一斑。

②退出壁垒。乳业的退出壁垒形成的主要原因之一是资产专用性。首先是生产设备的专用性，由于加工流水线和冷链设施等转产困难，企业难以退出。其次是人力资本专用性，行业中管理人员的工作经验及技能带有很强的专用性，在其他行业难以适用。原因之二是行政障碍。在企业面临亏损退出威胁时，主管部门或地方政府出于自身利益，会对其下属企业进行补贴或提供各种优惠，从而阻碍正常退出机制的运行。

(6)产业关联特征。我国乳业产业链中，关联产业的市场势力严重不均衡。首先在加工设备、包装采购环节，乳品企业处于劣势。由于我国乳品企业没有一家掌握乳品生产线的核心生产技术，因而严重依赖国外进口，导致乳品企业处于市场劣势地位。其次，在乳品营销环节，营销商占优，企业高昂的广告费用、卖场的进场费用等增加企业销售成本，加剧了乳品企业之间的价格竞争，企业盈利空间进一步萎缩。

(二)资料准备

1.观看中央台的《每日农经》《聚焦三农》以及新闻栏目，积累乳产品生产、营销知识。

2.查找乳品生产企业进行新产品开发，和进行市场推广所应用的方法手段的资料。

3.可以利用网络查找收集相关乳产品营销的资料，如中国农民网中的农业资讯。(http://www.farmer.gov.cn/hyfz/nyzx//)

二、任务设计与实施

【任务设计】

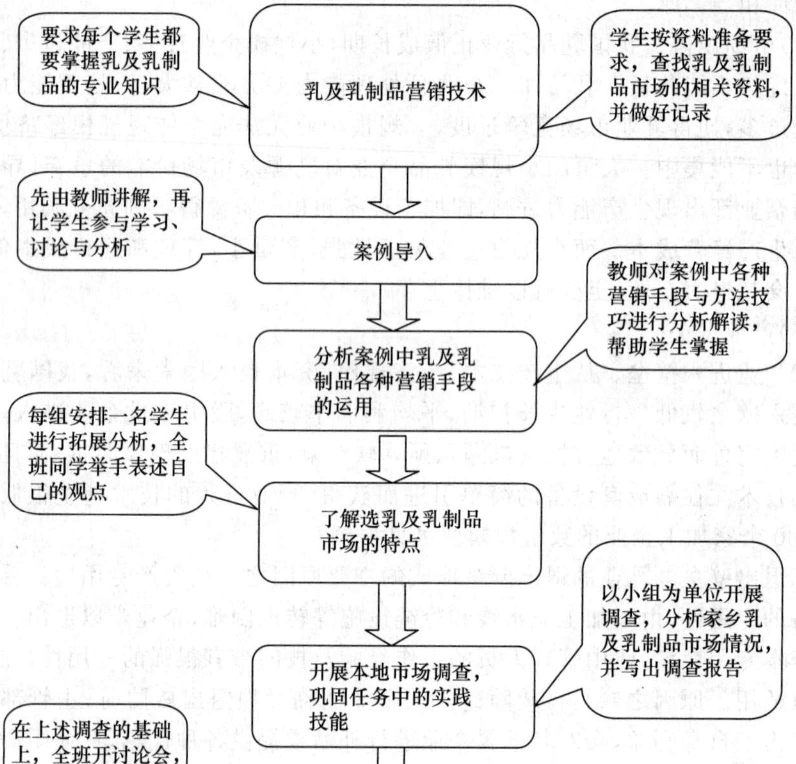

【任务实施】

(一)导入案例

案例一

蒙牛的成功之道

1991年1月,牛根生以100万元的注册资金,注册成立了蒙牛乳业有限公司,从两间狭小的办公室发展到现在,成为国家农业产业化重点龙头企业、乳制品行业龙头企业,建成了集奶源建设、乳品生产、销售、研发为一体的大型乳及乳制品产业链,规模化、集约化牧场奶源达100%以上,居行业领先。目前,蒙牛在全国20个省区市建立了31个生产基地50多个工厂,年产能超过810万吨,年销售额超过500亿元。荷兰合作银行刚刚公布的2015年度"全球乳业20强"榜单中,蒙牛凭借稳健的综合表现排名第11位,相比去年排名连续上升3位。近年来,蒙牛着力整合全球优势资源,先后与丹麦Arla、法国Danone(达能)、美国White Wave、新西兰Asure Quality(安硕)达成战略合作,并联合君乐宝、雅士利、现代牧业、原生态牧业等国内优秀伙伴,快速与国际乳业先进水平接轨,为消费者提供营养健康的食品。

针对中国消费市场需求的不断升级,蒙牛集团不断开辟细分市场,培育出一代又一代引导市场消费潮流的拳头产品,逐渐形成四大系列400多个品项构成的全方位、立体化乳制品矩阵。在高端牛奶产品特仑苏之后,相继推出未来星儿童牛奶、蒙牛真果粒以及获得"国食健字号"证书的冠益乳、优益C等高端系列新品。蒙牛产品以优良的品质和不断创新的品类赢得了消费者的持续认可,多次荣获"最受消费者喜爱商品""最受信赖食品品牌"等殊荣。

在2007年第27届世界乳业大会上,蒙牛高端产品"特仑苏"获得"产品开发奖",实现了中国在世界乳业史上金牌"零的突破";在2010年世界食品品质评鉴大会上,蒙牛"早餐奶"和"未来星"儿童牛奶荣膺大奖,同时,"未来星"还获得法国SIAL国际食品展"创新大奖";蒙牛"真果粒"历经29个国家的合作媒体及SIAL金奖全球评委的终审评选,代表中国赢得SIAL国别金奖;在素有食品界"奥林匹克"之称的2010年第15届世界食品科技大会上,蒙牛"冠益乳"凭借其高附加值的科技含量以及对社会消费群体的健康贡献,赢得"国际食品工业大奖";在2011年的第28届世界乳业大会上,蒙牛"新养道"荣获"乳品创新奖"。

蒙牛倡导"有质量才有未来"的理念,对照国际领先企业的质量管理模式,梳理奶源、生产、销售等产业链上的各项环节,建立起从"田间到餐桌"全产业链质量管理体系,从原料到成品再到经销的每个环节,全程记录存档,确保每一包牛奶的放心安全。

蒙牛把公益看成是爱和幸福的接力，将社会责任融入到公司战略及日常经营和管理中，15 年来在环保和教育等方面持续投入，累积达近 10 亿元。

蒙牛关注贫困地区的“寻找最美乡村教师”活动，2013 年，蒙牛联动社会名人、媒体记者和爱心合作伙伴 500 多人，深入到全国 400 多所乡村学校，寻访到 300 多位乡村教师，足迹遍布全国 22 个省份，54 家蒙牛的合伙伙伴参与其中，累积捐款额达 327 万元。

（二）案例分析

试分析蒙牛乳业的成功之道在哪里？

在于企业能正视自己的优势和不足，扬长避短，运用合理的营销组合策略，迅速打开市场。

1. 蒙牛乳业的 SWOT 分析

（1）蒙牛乳业的优势。

一是经过 30 多年的改革开放，我国的物质生活得到了极大丰富，人民的温饱问题已基本解决，正在向小康生活迈进，安全、健康的消费理念日益形成。近十年来我国的乳业发展迅速，人均牛奶消费量从 2002 年的 10.2 千克迅速提高到 25 千克，这一轮中国乳业的发展主要是以液态奶为主，预计未来相当长时间内，我国乳制品消费增长将高于世界的平均水平，保持较高的增长率。

二是蒙牛拥有较强的品牌实力。经过十几年的发展，蒙牛乳业成为中国乳制品行业的著名品牌，综合实力较强，具有较高的品牌知名度和一定的美誉度，也初步拥有一批忠诚度较高的消费者。蒙牛液态奶和冰淇淋销量连续数年位居国内前列。

三是较强的市场营销能力。蒙牛乳业市场嗅觉较为灵敏，对社会热点和市场机会的把握较好，执行能力和一线动员能力较强。“航天员专用奶”事件营销，“超级女声”娱乐营销，“中国牛奶爱心行动”社会公益活动以及“蒙牛城市之间”全民健身活动的非奥运营销策略等，蒙牛乳业表现出了它较强的市场营销能力，使得每个活动基本达到满意的效果。

四是有较强的创新能力。蒙牛乳业在呼和浩特和林格尔总部所在地，建立了国内较为先进的乳品研究院，引进了不少先进仪器，组建了一支专业的新品开发队伍。已经先后开发出蒙牛特仑苏、蒙牛真果粒、未来星、新养道、OMP 造骨牛奶、蒙牛优益 C 等新品，科技含量较高、功能性较强，促进自身的产品结构调整，较好的抵御了原材料及人工成本上升的不利影响，保持了较高的获利能力，特别是高端新产品已经成为蒙牛乳业的主要利润来源。

五是进行了较完善的全国产业布局。在全国相对较好的奶源地带，蒙牛乳业建成了23个现代化的生产基地，以及一些牧场，拥有较好的原奶优势和较充足的保证，为满足市场需求提供较好的基础，同时为后进者设定了较高的准入门槛，尤其是在《国家乳业产业政策》颁布后，蒙牛乳业的先发布局优势较为明显。

(2)竞争劣势。

一是远离主要消费市场。蒙牛乳业来自北方，其主要生产基地基本都在北方地区，远离南方东部沿海等人口密集的主要消费区。因此，相比区域性地方乳品企业，不仅物流成本很高，产品损耗也大，而且容易造成对市场的响应速度变慢，延长供应周期，甚至发生缺货断货的现象。

二是产品结构不合理。蒙牛乳业液态奶比重过高，2009年蒙牛乳业88%的营业收入来自液态奶，虽然液态奶的消费是目前的主流，并且也还有很大的提升空间，但是拓展酸奶、冰淇淋、奶粉等其他产品，提高其收入比重，减少潜在的风险，对企业的健康发展是非常必要的。

(3)面临的机会。国内的乳品行业虽然经过近十年的快速发展，与世界其他国家相比，不管是人均乳品消费水平，还是产品的技术含量与结构品种等方面，我国的乳品行业还处在初级发展水平，进一步成长的空间仍然很大，行业依然处于快速发展机遇期。

(4)面临的威胁。

一是在于大幅上涨的原辅材料成本。奶牛养殖的成本持续上涨，导致原料奶收购价不断提高，其他原材料采购成本也大幅上升。成本的上升对乳制品企业带来很大压力，严重侵蚀了原本就不高的利润率。

二是整个乳品价值链相当脆弱，各个环节强弱不均，广大奶农在产业链中处于极度弱势地位，给整个乳业的健康发展蒙上阴影。

三是国内品牌众多，竞争无序而激烈，大多数的乳制品企业技术水平低，研发能力弱，产品档次低，质量水平低，缺乏长远的发展目标；因此，出现旺季抢奶、好奶差奶照单全收，淡季按质论价、恶性降价竞争导致奶比水贱等不正常的现象，将损害整个行业的健康发展。

四作为一种健康食品，乳品并非不可替代，尤其是在没有饮奶传统习惯的南方地区。大量牛奶消费者转为豆奶、花生奶的消费者是完全有可能的。

2.蒙牛企业的产品策略

(1)产品差异化营销。

蒙牛的产品策略主要体现在产品的差异化。乳制品是一种大众消费食品，不同的人群有不同的偏好或者要求，一些消费者注重口感，一些消费者注重营养价值，另外一些消费者可能关注某种特殊功能等。比如，儿童需要钙、铁、锌、DHA等元素来促进身体和智力发育;老人考虑的是如何防止骨质疏松;年轻人喜欢有养颜功效以及低脂的产品。因此,蒙牛乳业确定了以差异化的产品来满足不同细分市场的差异化战略。针对消费者的不同需求,推出针对性的产品,包括功能、容量、包装等各方面,来满足该市场消费者的需求。

(2)绿色产品营销。

绿色营销是传统营销的延伸及发展。蒙牛进一步满足了消费者的绿色需求,蒙牛除了其长期坚持的绿色奶源、生态牧场建设,还在陆续展开新一轮的绿色攻势。比如,举办"生态行动助力中国"大型体验活动及推出生态包装的牛奶,都获得了广大消费者的关注和好评,树立了企业的绿色形象,为绿色营销建立了广泛的社会基础,促进了绿色营销业的发展。

3.蒙牛的价格策略

蒙牛在不同目标市场上采用不同的价格策略,其中在低端市场上,蒙牛采用竞争性定价策略,确保与主要竞争对手的竞争优势;而在中高端市场上,采用高价策略,通过产品的高质量和差异化获得消费者的满意和忠诚,从而赢得更大的利润空间。

蒙牛还在价格制定上始终坚持优质高价的策略,从不轻易与竞争对手打价格战。针对高端奶品,蒙牛不仅不降价,相反还逆向涨价。整体而言,蒙牛在价格策略上从不打价格战,而是通过产品的高质量和差异化赢得消费者的青睐。

4.蒙牛的渠道策略

(1)销售渠道模式。

在销售渠道的选择上,蒙牛乳业主要采用公司直营和传统经销商代理模式,根据不同的情况具体应用。比如北京、厦门等城市采用自己直营的方式,物流则交给其他配送商;而在某些重要一类城市或特别复杂、经销商很强势的地方,公司选择核心经销商,并通过股权为纽带,把他们和自己形成利益共同体;比如上海,由于光明乳业的传统优势,实力强劲的经销商特别重要,蒙牛通过股权转让调动核心经销商的积极性,从而与企业共进退、同甘苦。而在二三线城市,则通过大量的普通经销商,实现产品较高的市场覆盖率。

(2)对经销商的管理。

经销商的选择与合理配置,主要按照渠道高度扁平化与经销商相互制衡的原则,以利于对经销商的管理监控。一个城市可能按照不同的大类配置相应的经销商,同一大类可能也不止一个经销商,主要看市场的大小。对经销商及其人员,蒙牛乳业采取较为有效地管理与监控手段,并且配合经销商对其业务员和促销人员进行不间断的培训。

5.蒙牛的促销策略

(1)广告促销策略。蒙牛乳业与消费沟通的另一个特点表现在对传统及现代广告媒介与沟通方式的使用与平衡。电视作为广告第一媒体,是消费者最主要的信心来源。因此,蒙牛主要在电视上做广告,首选中央电视台,并选择部分主要销售区域的地方电视台作为补充,并投入大量资金打造最新颖的广告;在各大主要热门门户网站上都与蒙牛乳业的广告投放。通过在主要媒体上的大量广告,有效提升了其品牌在消费者心目中形象。

(2)事件营销。蒙牛乳业的事件营销,一般都较好地抓住或者制造社会热点,如"神五"上天后第一时间推出的广告"航天员专用奶",以温家宝总理的题词为契机的"中国牛奶爱心行动";冠名赞助社会影响力巨大的"超级女声""蒙牛城市之间"等系列活动。通过这些阶段性事件营销,蒙牛的知名度获得了较大的提高,对蒙牛的品牌提升也起到了很好地作用。

三、学习拓展

1.乳及乳制品生产特性

(1)从复苏转向持续增长。由于2008年的"三鹿乳粉事件",消费者对乳及乳制品失去信心,我国乳业生产进入困难时期。3年后,乳及乳制品生产消费发生了根本性转变,从"复苏"转向"持续增长"。

(2)常温乳唱主角。在一个行业里,如果一个品类占据70%以上的份额,这个行业的格局就基本上会定型,在短时间内很难发生改变。这就意味着,占据乳品行业80%以上份额的常温乳继续唱它的"主角"戏。

(3)高端产品茁壮成长。消费者心目中有一种普遍的认知,那就是"一分钱一分货",因此,高价格的高端产品在乳品行业成长很快,成为未来消费的一种潮流。如蒙牛特仑苏、冠益乳、新养道、真果粒等高端产品的收入已经占到蒙牛所有营业额的17%~20%。高品质高价格的进口奶制品更是市场的抢手货。

(4)新品类的创导者增多。近几年,伊利、蒙牛、光明为代表的乳业巨头们,开发了不少新品类,诸如低乳糖乳、谷物乳、果粒乳饮料、活菌乳等等。一些地方性企业也做出了同样的努力,比如:夏进乳业的"枸杞乳"、君乐宝乳业的"红枣酸乳"等等。

2.乳及乳制品消费特点

(1)我国居民乳品消费量呈增长趋势。我国是一个多民族的国家,各族人民的生活习惯、饮食构成、消费方式各具特征,对乳品的消费也有很大差异。牧区牧民一日不可无乳,乳的消费量较大。大中城市,乳已开始成为生活必需品。广大农区仍保持从肉类、禽蛋和水产品中获取动物蛋白质的习惯，对乳的消费较少。

(2)乳品人均消费量较低。国内乳类消费的总体水平很低，但增幅很大，消费水平增长较快。目前，发展中国家人均消费乳 37 千克，世界人均消费乳 92.67 千克，发达国家人均消费乳 310 千克。与之相比，我国年人均消费量达到 19.2 千克左右，还相差很远。2013 年，我国乳品进口金额增幅回落，进口数量同比降低，出口数量和出口金额大幅增长。全年乳品进出口总量为 40 万吨，其中进口量占总进出口量的 82.1%。国内消费需求大幅增加，供需缺口逐渐加大，需要通过乳品进口来满足国内市场需求，这是我国成为乳制品行业净进口国的主要原因。

(3)城镇居民乳品消费支出持续增长。大中城市由于工商业发达，居民收入较高，流动人口多，是目前我国牛乳(特别是鲜乳)的主要消费市场。

(4)牧区乳类消费。我国牧区包括 120 个县(旗)，共有 1 000 多万人。乳是牧民的主要食品之一，我国牧民历来就有生产和消费乳类的习惯。但牧民乳类消费基本上是自给自足。近些年，一些牧区在国家的支持下，利用草资源优势，建立了一批乳源基地和乳品工厂，乳业生产开始向商品化方向发展。

(5)农村乳类消费。我国广大乡村，除饲料、饲草资源充足的地方外，一般很少养乳牛。距离大城市较近的农村，饲养乳牛的目的主要是为城市市场提供鲜乳产品，农民中消费乳的人数非常少。随着农村生活水平的逐步提高，我国农村将成为牛乳的重要消费市场。

四、任务巩固

学习下面案例，分析并掌握君乐宝乳业的营销策略。

案例二

石家庄君乐宝乳业有限公司创立于 1995 年，至今二十年，是河北省最大的乳制品加工企业，现拥有 9 家子公司，集产、销、研于一体，君乐宝系列酸牛奶市场占有率居全国第四位，活性乳酸菌饮料销量居全国第二位。君乐宝列产品畅销河北、北京、天津等 13 个省市，是农业产业化国家重点龙头企业、国家高新技术企业、国家乳品研发技术分中心，君乐宝商标是中国驰名商标。

公司现有员工 5 800 人，在石家庄、保定等地建有十个生产工厂，主要经营酸牛奶、低温乳酸菌饮料、纯牛奶、花色奶、乳饮料、婴幼儿配方奶粉等 50 多个品项。2013 年完成销售收入 36 亿元，销售增长率高于行业平均增速一倍以上，上缴税金 2.3 亿元。低温酸牛奶、乳酸菌饮料市占率居全国第四位。

2015 年 7 月，君乐宝通过全球食品安全标准(BRC)A＋认证，成为全球第一家获得 A+顶级认证的婴幼儿奶粉企业。

君乐宝奶粉、君畅、开啡尔、纯享、每日活菌、优质牧场等，形成包含 60 多个品项的庞大产品矩阵，君乐宝产品涵盖低温发酵乳、常温液态奶、婴幼儿配方奶粉三大领域。

五、评价与反馈

教师、学生对本项目的学习过程进行总结，并认真填写本教材最后面的附录一　评价与反馈。

附录一　评价与反馈

(一)自我评价

1.为了完成本项目的学习任务,你都做了哪些准备?

2.本项目的学习效果怎么样,是否完成了学习任务?

(二)小组评价

从学习态度、学习方法、团队合作和学习能力的提升等方面评价。

序号	评价项目	评价情况
1	你是否掌握了本项目的知识准备内容?资料准备情况如何?	
2	能否在生产经营实践中熟练运用本项目的营销技能?	
3	本项目有社会调查等实践内容,你参与没有,效果怎么样?	
4	本项目有课堂讨论与发言安排,你参与了哪项,效果如何?	
5	是否服从教师的教学安排?	
6	本项目学习实践中有分组活动,你在小组承担什么任务,完成的怎样?	
7	与班级及小组同学协作怎样?	
8	对本项目学习整体效果怎样?	

参与评价的同学签名________

(三)综合评价

1.教师评价

(1)对整个学习内容的小结归纳

(2)对教学过程的总体评价

教师签名________

2.学生评价

(1)对教师授课效果的评价

(2)对学习效果的评价

学生签名________

附录二　参考书目及网站

福州晚报　2014-03-06

青海日报　2015-08-27

农博网　2012-09-17

www.ytny.gov.cn　2015-08-04

http://zgsc.china.com.cn　2014-09-11

中国养殖网　2014-12-24

www.ytny.gov.cn　2015-09-01

武汉农村新报讯　2013-03-30

武汉农业科技月刊 第八期　2015-08-25

www.ytny.gov.cn　2015-08-06

www.ytny.gov.cn　2015-08-11

www.ytny.gov.cn　2015-08-14

新浪网　2012-02-13

海北州人民政府门户网　2015-11-10

www.ytny.gov.cn　2015-11-12

中国食品机械设备网　2015-07-08

中国畜牧兽医报　2013-01-11

央视七套致富经官网　2014-10-27

山东三农网　2012-09-13

青海日报　2015-08-27

福州晚报　2014-03-06